Catcher

一如《麥田捕手》的主角，
我們站在危險的崖邊，
抓住每一個跑向懸崖的孩子。
Catcher，是對孩子的一生守護。

大閱讀

27種讓孩子學會關鍵能力

宋怡慧主任｜教育部閱讀磐石獎閱讀推手獎得主
聯合線上專欄作家

【特別企劃】
推動閱讀時，老師、家長最容易犯的15大迷思

1 孩子一看到書就打瞌睡，怎麼辦？

孩子看到書就想睡，一定是我們幫他選擇的書不有趣、不實用。閱讀要從有趣、有用兩個指標開始引導孩子們閱讀。

閱讀是靜態的旅程，從小就受到影像、聲光刺激的孩子們，如何期待他們在短時間自己能靜下心來閱讀？面對滑世代孩子看到書就想打瞌睡，要避免說出苛責他們的話語，而是先同理孩子打瞌睡的原因：這本書內容過難？題材孩子覺得無趣？閱讀的字數太多？先傾聽孩子讀不下去的理由後，再把選書的策略做些調整，因為閱讀的文類，從繪本、電影文學、名人傳記、優質的漫畫、輕小說都可能是孩子感興趣的入門書。

再來，**簡單為孩子說書，讓孩子產生對一本書的興趣，甚至能與孩子的生活相結合**。當閱讀的橋梁搭建起來後，或許，孩子就容易透過引導而走進一本書的世界。當孩子的閱讀熱情被你點燃，瞌睡蟲就可能會被趕跑喔。

2 閱讀一定要是字很多的書嗎？看漫畫，可以嗎？

閱讀應該由淺入深，從興趣培養習慣。對於剛接觸閱讀的孩子，不一定要讓他們從讀很多字的書開始。大部分青少年第一次閱讀的經驗，常常是從喜歡的漫畫、輕小說、圖文書（橋梁書）開始的。

以我為例，小時候，全班女同學都很喜歡看漫畫《尼羅河女兒》，我也才因此開始接觸與埃及歷史文化相關的文字書。甚至從讀《小叮噹》（哆啦A夢）、《老夫子》、劉興欽的漫畫書，開始發現閱讀是一件很有趣輕鬆的事。後來，更沉溺於倪匡的科幻小說、金庸的武俠小說、瓊瑤的愛情小說，我的閱讀文類走向更多元豐富。

因此，圖文書讓青少年讀來覺得輕鬆自在，再加上題材多元，以青春、愛情、科幻、歷史等符合青少年所喜好的內容去創作，就容易喚起他們對文本閱讀的想像力和好奇心。

與其去限制孩子閱讀漫畫、輕小說、圖文書，不如陪伴他們一起閱讀這些文

類，**並從中與孩子進行討論、溝通、分享**。每種文類都有適合孩子閱讀的地方，只要避免讓他們接觸到有腥羶色內容的書籍，優質的圖文書，也會是中學生培養閱讀習慣很好的入門。

高木直子系列圖文書、《遜咖日記》系列、金田一、海賊王、《科學實驗王》、尋寶記等系列、幾米繪本，都是青少年會愛不釋手的優質圖文書。

3 只要培養出閱讀的習慣，功課就一定會變好嗎？

若從會考和學測試題來分析，很多人開始認同學生的閱讀力等同競爭力。**同學若能培養好的閱讀習慣，未來在學業成績、口語表達上都有加分的效果**。

舉例來說，歸納會考或學測題目，會考國文開始出現一千字以上的閱讀題型；學測英文不再只考記憶或傳統文法題；會考數學科強調思考過程，不考反覆練習的計算能力；學測社會、自然科強調跨科能力，打破科目和單元的限制。看來各學科的考題，也適時加入時事、圖表判讀、生活化的題型，來讓現場教學開始強化各學科閱讀理解的能力，還有把知識轉化成生活經驗的能力。因此，即使我們不需要功利地將閱讀和成績畫上等號，但卻能**在教學中發現愛閱讀的學生，反應快、學習動機強、好奇心探索力高，創造實作力也明顯有成就**。因此，多鼓勵自己的孩子或學生閱讀、閱讀、閱讀吧！

4國三、高三的孩子功課壓力那麼大，還有時間讀課外書嗎？

閱讀若成為習慣，其實就像呼吸一樣自然；閱讀若成為樂趣，無入而不自得。當你了解閱讀、親近閱讀、愛上閱讀，你就能像德國人一樣到哪裡都想帶一本書，隨時隨地都可以閱讀。生活其實有很多空檔，等車、搭車、等人、吃飯前、睡覺前，愛書的人在各種零碎時間都能讓自己讀書。

國三、高三生面對強大的考試壓力，若能讀些勵志散文、優美小詩、短篇小說，不只自己心情變好、變幸福，還能趕走壞心情、壞壓力，也會更有能量繼續和會考、學測拚搏。

甚至，有些書籍能為煩悶、枯燥的生活注入新鮮的想像畫面，讓自己轉換思考的模式，生活的場域也將變得開闊許多，這也能讓孩子找回考前壓力籠罩下，閱讀美好的潤澤。

請家長、老師多鼓勵國三、高三考生閱讀吧！不只能趕走煩悶的情緒，找回正能量，還能讓寫作力變好，考試成績提升呢！

5有閱讀的習慣，孩子就一定很會寫作文嗎？

有閱讀習慣的學生，通常寫作素材會比較廣泛、多元；事例舉證會較為豐富、妥貼；生活感知也偏向敏銳、細膩。

但是，閱讀力是否等同寫作力？如果能**有策略、系統地引導學生在閱讀時做畫線摘要，有疑惑時標註，有感觸時寫些眉批，有機會，就和身邊的親友進行三分鐘聊書等**，因為從閱讀到寫作，其實就像廚師炒菜，素材再多，仍要根據菜名去搭配與組合。因此，文章也須扣合主題來書寫闡述，甚至段落間的起承轉合、文氣跌宕起伏都須老師從旁教授與引導，舉凡素材的剪裁、詞藻語彙的凝鍊、組織結構的安排、古今事例的援引、各式修辭的活用，都是成功寫作一篇好文章不可或缺的元素。因此，想從大量閱讀者變成一位文學創作者，還需要透過指標來檢核自己。

不過，閱讀常給寫作者創作的靈感，和感知世界的橋梁。因此，我們的結論是閱讀者不一定是好的寫作者，但好的寫作者絕對是一個愛讀者。

6 師長的推薦書單，是不是愈多愈好？

我常常遇到許多親朋好友，要我針對不同年齡的孩子推薦書單。其實推薦書單是一件挺複雜卻又專業的事。推薦的對象是男孩或女孩？年齡層是小學、中學或成人？是住在城市或鄉鎮？個性活潑或沉靜？有沒有閱讀習慣？喜不喜歡買書？這都會是推薦者需要評估的客觀條件。

閱讀書單的擬定是十分謹慎的事，它必須站在讀者的立場去感知一本書，也要有宏觀、多元的角度，去思考如何多元、跨界地推薦書籍。

偶爾，我也會帶有某些期待，有目的去設計一份推薦書單。書單只要剛剛好對了讀者的胃口，他就會喜歡書，進而養成閱讀的習慣，一本又一本地讀下去囉！因此，**推薦書單不在多，在適不適合讀者而已**。

7 可以讓學生自己選書嗎？

推動閱讀最重要的是教會孩子自主選書，一如給孩子釣竿，不如教他釣魚的原則。尊重孩子選書的權力，也欣賞他選書的品味與美學。

閱讀不需要盲從，而是替作者找讀者。**當一個閱讀者能替自己擬定短期、中期、長期的書單時，才有機會成為一個獨立閱讀者**。

其實選書不外乎有趣、有用兩個簡單的指標。**放手讓孩子選書，也是培養其閱讀品味與閱讀鑑賞的方式**。給他方法，就能讓他靠自己，找到適合的一本本好書。

8 選書有指標嗎？

給青少年的選書指標千萬不要繁複，要愈簡單、愈親和，孩子才有所依據。

第一個選書的指標是讀來要有趣。從書籍封面與包裝去思考是否喜歡這本書的設計？再閱讀序、跋，推測書籍的主題與大意是否符合自己的興趣？最後，EASY

DO，輕鬆讀，這本書能帶給你閱讀樂趣嗎？能找到和作家對話的快樂嗎？

第二個指標是讀來要有用，閱讀就有自我增能的效果。因此從有趣到有用，擴大自己閱讀的書類，找到跨界閱讀的能力，就能提升自己的工作效能、學習能力。能注入心靈的活水、擴展自己視野的有用之書，通常也能讓自己的閱讀，更具系統、多元，就讓閱讀成為你自主學習的知己好友吧！

9 閱讀需要有人在一旁陪伴嗎？

在推廣閱讀的初期，不只需要教，也需要陪伴。唯有愛與榜樣，才有機會讓不愛閱讀的滑世代，跟隨你而閱讀。一個愛閱讀的人，從選書、買書就會用心、編碼上架也會細心、推廣閱讀更會盡心、說起書來充滿愛心、送人書籍更是暖心。跟在身邊的你的學生或孩子，也會因為你的愛與榜樣，而跟隨著你，開始喜歡閱讀，進而習慣閱讀，然後慢慢地，也成為一位推廣書、愛讀書的閱讀者。

10 閱讀需要PK賽嗎？

很多老師很迷信推廣閱讀，必須要先提升閱讀的量，因此拚命設立小學士、小碩士、小博士這樣的閱讀PK賽。表面上，孩子為了競賽而閱讀了很多的書籍，但他真的讀進心坎裡了嗎？還是讀過了，就船過水無痕呢？

閱讀是讀者與作家的對話，那是安靜而美好的過程，因此，不要再過分強調孩子讀了幾本，因為**閱讀很難是速度與速度上的競逐**，而是一份以心傳心，以情溫情的默契，因此，我們也別再用閱讀PK賽來當孩子讀得好或壞的唯一指標！

11 一定要讓孩子寫閱讀學習單嗎？

一個愛閱讀的學生曾和我分享，他很不喜歡聽到老師或家長常對他叨唸，心得寫了沒？學習單交了嗎？他說，如果可以一直讀，不用管心得、作業，閱讀就是很棒的事了。

同理可證，大人們也很少讀完一本書就寫書評或書摘，但是，每個讀入心坎的字句，常在未來某些時刻在生命中被印證了，在某些困乏時刻，文句竄出滋潤了受傷的性靈，**作家某些價值正在生活中被自己真切地實踐著**。

閱讀即使不寫學習單，也展現出改變讀者、改變世界的強大力量。請各位家長、老師別再執著於閱讀學習單或心得書寫的羈絆與窠臼了。

12 閱讀能讓人變得更聰明？

當越來越多人用科學數據來說服我們：

閱讀能讓孩子成績進步？

閱讀會讓我們變得更聰明？

閱讀有助學生寫作成績變好？

如果，我們認為這是說服學生，讓他們愛上閱讀的說法或誘因時，這就真的大錯特錯了。

青少年很少會因為能讓自己變聰明、成績變好而閱讀。反而，他們會為了朋友，為了讓自己快樂，為了解決生命的疑惑，為了找到對話的對象，而願意閱讀。

如果，你也相信年輕的靈魂會因為一本書而覺醒，而快樂，那麼就放棄用功利的數據、成果來鼓勵學生或孩子們閱讀。單純一點，讓孩子就為了喜歡書、為了興趣、為了自己而閱讀吧！

13 圖書館的位置不重要嗎？

圖書館不是藏書館，它是孩子的書房；圖書館也不是蚊子館，它是孩子遇到愛與閱讀的地方。

很多學校把圖書室安排在不起眼又遙遠的地方，有些家庭甚至沒有閱讀的角落或書房。沒有一個閱讀的環境，如何培養愛閱讀的孩子？

布置閱讀空間是一種善意的儀式，當我們看到一個國家，其書店或圖書館的密度越高，人民喜歡閱讀的機會就越高。以德國為例，轉角就有書店、書報亭、行動書車，他們人民愛閱讀的程度是我們望塵莫及的。

閱讀氛圍的營造是一種愛閱讀的宣示：真心建議**圖書館不該在學校不見天日的地方，應該在孩子能常常遇到、走到的地方**，讓孩子轉角就能與一本書邂逅吧！

14 只能買經典的書？

買書不是買大人喜歡，孩子不喜歡的書籍。其實，校園閱讀排行榜所代表的意義很重要，那是一個世代的閱讀品味與潮流，閱讀推動者須用心觀察其中的意義。

校園閱讀排行榜代表圖書館的藏書，需要被重新檢視，必須讓學校藏書與時俱進、跟得上時代的腳步，這樣才能讓孩子讀得均衡又不偏食。

有時候，擺放買一送一的主題書櫃、好書大放送的巧心安排、書展各類書排列的位置、海報行銷的方式，都是教導孩子明白世代閱讀的潮流，但卻能從中找出一本自己喜歡又能擴大閱讀視角，兼顧自己閱讀多元性與專業性的書。

15 影像閱讀不算閱讀？

從小就接觸３Ｃ與影像的滑世代，就是俗稱的數位原住民。其實，影像閱讀有時候反而是讓孩子喜歡閱讀、親近閱讀的橋梁。

例如，從電影到推廣改編小說；從廣告到推廣創意文本；從名人訪談到推廣歷史傳記；從動畫到推廣童話；從戲曲到推廣明清話本、小說……**當影像成了孩子走進文字世界的媒介時，他們就能理解閱讀和影像不同的地方。**

例如，影像不能依照讀者的速度播放，閱讀卻能跟從讀者的腳步，或快或慢。在某些字句中，你還能因放空而召喚到某些場景與心情，產生互放光亮的共鳴。

推動閱讀不是純然地排斥影像閱讀，而是善用工具的改變，讓孩子回歸到文字閱讀的純美時代。

閱讀一本書，並與之對話、分享、討論是閱讀推廣者最重要的使命。我總喜歡和不同世代、種族、年齡、性別的孩子，透過一本書，開始對生命、對自然、對人群、對價值觀進行分享，許多觀點都會在書與人對話的私密空間中凝聚而出。

最後，想大聲疾呼的是，給孩子一台iPad，不如給他一本好書。培養孩子的閱讀習慣，越早越好：從零歲閱讀到為嬰幼兒朗讀書籍，當閱讀從家庭開始，閱讀的種籽就越早栽下。

當學校重視閱讀，社會推廣閱讀，愛讀書成蔭成林的機會，就會在台灣展現奇奧的實力。

【推薦序一】

當校園是一間書店時……

幸佳慧（《用繪本跟孩子談重要的事》作者）

「我們為何需要閱讀好文學？」

牛津與劍橋中世紀文學的名學者，也是《納尼亞傳奇》的作者，更是世界眾多信仰者的導師C.S.路易斯說，原因就像我們需要門窗的道理一樣。

好文學，滿足我們「必須出走」的欲望。也許一開始，我們是出於想要強化自己的動機去拿起一本書，但更深的內在動機，其實是為了要從自己出走，打破侷限、治療寂寞。人類做閱讀這件事的動機有很多可能，可能是為了理解愛、為了探索道德、為了掘攬知識，也為了接受藝術的召喚。

當一個人安然囿於自己的世界，不開窗不出門，就會有個逐漸縮水的自我，那無異於坐牢的犯人。當我們閱讀好文學時，我們變成一千個其他的人，我們透過別人的眼睛看到一千個世界。在求愛、求德、求知的羽翼下，我們超越自己，每一次開窗推門，我們都比上一次的自我，再豐足一點。

路易斯講的雖然是精緻文學的層次，但怡慧老師用她的身分與工作環境，把路易斯這個道理平民化，活生生操練到常民生活裡。可貴之處還在於，她扮演一個牧羊者的身分，帶領一群羊兒不斷跳出自己的藩籬，往延伸的草原探去。

不可諱言，在現下的社經結構裡，「校園」依舊是集體運作、充滿規範的地方；「教師」也難免必須扮演諄諄教誨的角色。但「誨爾諄諄，聽我藐藐」，帶著優越輩分與機械勸導的關切，要孩子或青少年不疏遠退卻，甚難。

成長，何其奔放複雜！脫離童年階段，往成人過渡的青少年尤其是，時代迅速變動，上一代的成長經驗必然只剩下幾成可回收適用在新一代。我們都知道，一位教者即使他的專業科目再卓越，一旦去掉人生的動態脈絡，也只算是一個設計精良、教人按表操課的的電腦軟體而已。因此，一個教師若不閱讀，就會像個獄卒，只做著把更多犯人關進欄杆裡的事，而那是我們對教育最撻伐最畏懼的景象。

學習，何其神祕多元！一百個孩子，來自一百個背景，就有一百種複雜的學習機制。身為教養者，面對「孩子學習」這件事，要敬畏如敬神，如此才會有推門開窗的動機，不斷感受自身的渺小而容納更多可能。但相反地，教養者不能讓孩子對「學習」產生敬畏，而要他們如愛戀一樣癡迷。

閱讀，何其繁花齊放！面對青少年，出生國文系的怡慧，不拘泥文類，將各類書勵志、成長小說、純文學、詩歌散文、傳記、日記、圖文書、繪本等，都視為和少年相遇的橋梁。

彷彿一整個書店或圖書館，才是少年的校園，教科書與參考書只是其中一個書架而已，如此寬廣浩瀚。

怡慧身為老師，雖然也不得不把青少年教育化零為整，在一條大川裡與他們同行，但每當她遇見個體時，會因為用心聆聽而打破集體性的邏輯思考，再借用她圖書館化的人生經驗，用適切的好書，疏導每道洪流，到他們該去的小河去，讓他們調轉流動速度、看見不同風景，再適時歸回大河腳步。

深諳文學純美的她，不僅帶著孩子在書店裡悠遊，還希望孩子也能看見她的私房書架，在千迴百轉後，總不忘引領他們進到她的祕密花園去汲取濃郁的花蜜，讓孩子在更高層次的閱讀境界裡，不斷重整再生，並對書寫也產生動機。

讀著怡慧一篇篇記錄她跟每個年輕靈魂對話的短文，我看見一個良醫心甘情願地為每個進診間的人，細心地望聞問切，耐心陪伴後開出的藥帖，不是冰冷藥丸，而是溫暖書單。我也看見一個大人，不斷脫去身上的制服，化身一個大孩子和少年們勾肩搭背，談屬於他們的愛恨情愁，即使要遞書，也不落痕跡，像是塞給好友們的傳情小紙條。

當我讀到怡慧如此信仰「閱讀與書寫」的人生，並希望每個經過她身邊的生命都享有這等美好，說著「學校應該是培養孩子自信心的地方，沒有一個人可以在找不到天賦時，就離開學校。老師的工作是讓你們天賦自由後，學會愛別人也愛自己」這句話時，我感到好放心。閱讀不是換取作文高分的利器，而是在這樣的教育理念下運行。那麼，這條大河，誰會不願同行呢？

【推薦序二】

了不起，怡慧！

陳昭珍（國立台灣師範大學圖書資訊學研究所教授兼教務長）

在推動教育部的圖書館閱讀教師計畫之初，我曾多次帶國小老師去台北美國學校圖書館參觀。該校的圖書館不僅環境優、設備佳、館藏豐富，最重要的是，圖書館主任超級專業。在此我僅以小學圖書館主任Ms. Babara為例，舉一個小事蹟說明她令我敬佩之處。Ms. Babara說，圖書館採購的書，她都會閱讀，閱讀過的書，也都會寫閱讀筆記，她已累積好幾堆的閱讀筆記。所以，哪一本書要推薦給什麼樣的學生，哪一位學生曾讀過什麼書，她都很清楚。即使不愛閱讀的學生，Ms. Babara也有辦法陪著學生找到自己的興趣，採購學生喜歡的書，開始閱讀。

知書與知人，是專業的圖書館員最基本的知能與工作。當時我心中暗許，希望有一天，台灣的國小、國中、高中的圖書館閱讀推動教師或圖書館主任也都能做到。

怡慧老師原本是丹鳳高中的圖書館主任，去年八月一日起，轉任教務主任，我相信她絕對可以勝任新工作，但我想圖書館主任還是她的最愛，因為她愛閱讀，並樂於分享閱讀。

《大閱讀——讓孩子學會27種關鍵能力》是怡慧老師繼《愛讀書——我如何翻轉8000個孩子的閱讀信仰》之後，短短兩年不到的時間又出版的第二本書。這種非小說，我以短短的一個晚上就閱讀完畢，而且有不看完不想睡覺的感覺，不是因為我的閱讀能力太好，而是這本書太吸引我了。

從第一篇開始，我就被吸引住了，而且決定打開抽屜，拿出一支紅筆，將每一篇所提到的書劃線下來。

整本書從頭到尾，怡慧為解決學生的疑難雜症，藉由和學生的對話，在問題情境中，非常自然地推薦給學生的書共有一百九十九本（不含電影，也不含書末【特別企劃】推薦的書）！如果不是怡慧自己用心讀過這些書，如果沒有深入地做閱讀筆記，如果她不關心學生、不了解學生的問題、不知道他們需要什麼，如果不是學生信任她、愛她，那麼是不可能有辦法在適當的時機，將適當的書，推薦給適當的人。我只能說，了不起，怡慧！

最近有一個上學期修三十一個學分，且全部拿A+的文學院學生來找我聊。這個學生除了本科外，還修一個完全不同領域的雙主修、一個輔系、一個學分學程，外加教育學程。能在學校獲得這麼多學習機會，而且都讀得很好，表示學生能力不差，但是真的需要修這麼多嗎？

上學期開始之前，我已先提醒了這位學生，而經過了一個學期，這學生自己也有了疑惑。

見了面，我先問他身體怎麼樣？平常都幾點睡覺？有運動嗎？接著問他，他最愛什麼？未來最想做什麼？平常閱讀什麼書（指定的功課除外）？學生坦承他是因為擔心競爭力不夠，因此想藉一張張的文憑，證明自己的能力，以贏得畢業後找工作的機會。

我建議他，給自己一點空白，多閱讀書籍，認識自己，建立自信，找到自己的生命關懷，不要將自己侷限在上課、成績及文憑的框架。看完怡慧的書，我想我應該去買一本侯文詠的《危險心靈》送給這位學生，跟他聊聊如何勇敢地走出框架。

150位，來自各界的讚聲推薦

（依姓氏筆劃順序排列）

大學教授、各界名人

王泓翔（新北市中等教育科科長）
王政忠（作家、南投市爽文國中教務主任）
王雅玲（作家、彰化縣陽明國中教師）
王雋蔚（作家、科技產業名人）
王懿行（臺北市家長協會理事長）
朱日銓（信誼爾雅法律事務所律師）
邱宜文（國立臺北商業大學教授）
李孟樺（國立虎尾科技大學助理教授）
吳成夫（旅遊達人、演員、作家）
李貞慧（英語繪本作家、兒童文學推廣工作者）
李俊儀（國立臺北大學副教授）
吳雯雯（送報伕創意閱讀寫作坊執行長）
宋隆發（作家、高國中國文教科書翰林版主編）
吳肇嘉（臺北市立大學中文系系主任）
卓憶嵐（作家、臺中市明德高中教師）
吳懷晨（詩人、國立臺北藝術大學教授）
林香伶（東海大學中國文學系教授）
范綺萍（TTLA祕書長、新北市立秀峰高中圖書館主任）
凌性傑（作家、臺北市立建國中學教師）
許毓仁（立委）
許榮哲（作家、耕莘青年寫作會文藝總監）
馬榮華（國立陸軍官校大學部主任）
徐銘謙（千里步道協會副執行長）
孫劍秋（國立臺北教育大學教授、國立戲曲學院副校長）
徐澤佼（TTLA理事長、國立曾文農工圖書館主任）
陳芳明（作家、國立政治大學中文系教授）
張芸菉（臺北市教育局課程督學）
陳明柔（靜宜大學圖書館館長、教授）
陳宜楓（伊凡達科技有限公司財務長）
陳昭珍（國立臺灣師範大學教授、教務長）

陳舜德（輔大圖資系副教授、人事主任）
梁語喬（作家、苗栗縣致民國中教師）
陳慧敏（新加坡南華中學華文部主任）
陳劍涵（淡江大學師培中心助理教授）
陳麗雲（作家、新北市立修德國小教師）
童心怡（輔大圖資系助教）
黃正華（中華民國兒少關懷千手協會祕書長）
黃國珍（品學堂創辦人）
曾乾瑜（誠品文化藝術基金會執行長）
馮瑀珊（臺灣新生代詩人）
楊志朗（作家、彰化縣鹿鳴國中教師）
楊書軒（宜蘭歪仔歪詩刊主編）
楊曉菁（作家、國立政大附中教師）
劉文明（全國高中圖書館輔導團總召、台南女中圖書館主任）
劉駿豪（得勝者文教機構執行長）
蔡淇華（作家、臺中市惠文高中圖書館主任）
蔡淑媖（中華民國兒童文學學會祕書長）
蕭水順（詩人、彰化縣明道大學人文學院院長）
賴人碩（臺灣新銳建築師）
蘇明進（作家、臺中市大元國小教師）

創意閱讀學校國、高中校長

王冠銘（桃園市慈文國中校長）

王耀德（候用校長、新北市立吏寮國小教務主任）
古秀菊（新北市立丹鳳高中校長）
何元亨（新北市立興穀國小校長）
吳吉助（新北市立板橋國中校長）
何高志（苗栗縣新港國民中小學校長）
吳望如（前新北市立集美國小校長）
吳惠花（新北市立老梅國小校長）
林愛玲（新北市立米倉國小校長）
林蕙質（前新北市立海山高中校長）
柯雅菱（新北市立中和高中校長）
施雅慧（新北市立中平國中校長）
徐巧玲（候用校長、新北市教育局輔導員）
許志瑋（臺中市安和國中校長）
黃淑美（前新北市育林國中校長、光啟高中副校長）
陳玉芬（新北市立永和國中校長）
張孟熙（新北市立山佳國小校長）
張慧媛（新竹市內湖國中校長）
舒富男（臺中市日南國中校長）
彭盛佐（新北市立雙溪高中校長）
賴來展（校長、新北市教育局輔導員）

創意閱讀學校主任

王之敏（臺南市聖功女中圖書館主任）

王勝忠（臺中市立人國小學務主任）
吳作楫（國立苗栗高中圖書館主任）
邱欣怡（桃園市龍源國小教導主任）
李俊緯（新北市立自強國中學務主任）
宋挺美（新北市立八里國小教務主任）
林佳慧（雲林縣正心中學教務主任）
林曉茹（新北市新莊國小教務主任）
秦　蓓（臺南市國立北門高中圖書館主任）
翁靖穎（桃園市壽山高中圖書館主任）
陳司樺（新北市國立林口高中祕書）
陳建銘（臺中市忠明高中圖書館主任）
陳惠青（國立新竹高工圖書館主任）
陳惠晶（新竹市成德高中教務主任）
張碩玲（雲林縣二崙國中總務主任）
陳榮德（新北市清水高中教務主任）
葉欣仁（新北市立鳳鳴國中輔導主任）
曾定璿（臺南市家齊女中圖書館主任）
詹馨怡（臺北市北政國中教務主任）
蔡昌樺（臺中市何厝國小學務主任）
謝政哲（臺南市學甲國中輔導主任）
劉曉雯（國立泰山高中總務主任）
潘姿伶（臺北市大同高中圖書館主任）
鄭敬儀（新北市金山高中圖書館主任）
賴靜慧（彰化縣二水國中教務主任）
鍾明媛（新北市聖心女中教務主任）
魏俊陽（新北市榮富國小總務主任）
顏淑惠（臺南市興國高中圖書館主任）
簡俊成（臺北市立復興高中圖書館主任）

高中、國中、國小閱讀學校創意推手

王秀筠（新北市立新泰國中教師）
王盈之（臺中市僑泰中學教師）
江福祐（新北市立板橋國小教師）
杜宗原（新北市立平溪國中教師）
沈政傑（雲林縣立士庫國中教師）
吳宜玲（新北市立漳和國中教師）
吳勇宏（國立宜蘭高中教師）
呂郁雯（臺北市立百齡高中教師）
李榮哲（臺北市立建國中學教師）
吳韻宇（桃園市立慈文國中教師）
武君怡（臺南市立麻豆國小教師）
林怡辰（彰化縣立土庫國小教師）
林彥佑（高雄市立林園國小教師）
林晉如（高雄市立岡山國小教師）
易理玉（臺北市立北一女中教師）
林淑華（高雄市大榮中學教師）
柯文怡（臺南市立南寧高中讀服組長）

高小筑（新北市立北大高中實研組長）
侯之惟（臺北市立敦化國中教師）
郭勝得（臺中市立外埔國小教師）
張文銘（臺中市立光德國中設備組長）
陳名琪（南投縣立中山國小教學組長）
陳欣怡（新北市立重慶國中教師）
陳香吟（新北市立永吉國小教師）
陳美桂（臺北市立北一女中教師）
張玲瑜（新北市立海山高中教師）
廖修緯（新北市立崇德國小教師）
張聖山（臺南市立新上國小教師）
張道滎（臺北市立博愛國小教師）
張麗莉（新北市立頭前國中設備組長）
畢仙蓉（臺中市立惠文高中教師）
黃秀精（新北市立麗林國小教師）
黃怡嘉（彰化縣立民生國小教師）
葉奕緯（彰化縣立田中高中教師）
黃琇苓（國立苗栗高中教師）
虞音蓓（新北市立板橋國中教師）
詹淑鈴（臺北市立北安國中教學組長）
楊朝淵（臺中市國立清水高中教師）
蔡正雄（新北市立光華國小教師）
廖芳慶（國立高雄高工教師）
蔡依倫（新北市立三峽國中訓育組長）
劉美娜（臺中市立崇倫國中教師）
廖建超（新北市立麗園國小教師）
蔡餘宓（臺中市立居仁國中教師）
歐陽宜璋（臺北市立北一女中教師）
賴玉倩（臺北市立葫蘆國小教師）
賴和隆（臺北市立中正高中教師）
龐淑娟（國立楊梅高中教師）
戴惠貞（桃園市立大勇國小教師）
戴逸群（新竹市磐石中學教師）

大閱讀

27讓孩子學會種關鍵能力

目錄　Contents

第二部／牽孩子的手，一起閱讀

第三部／怡慧主任的閱讀提醒

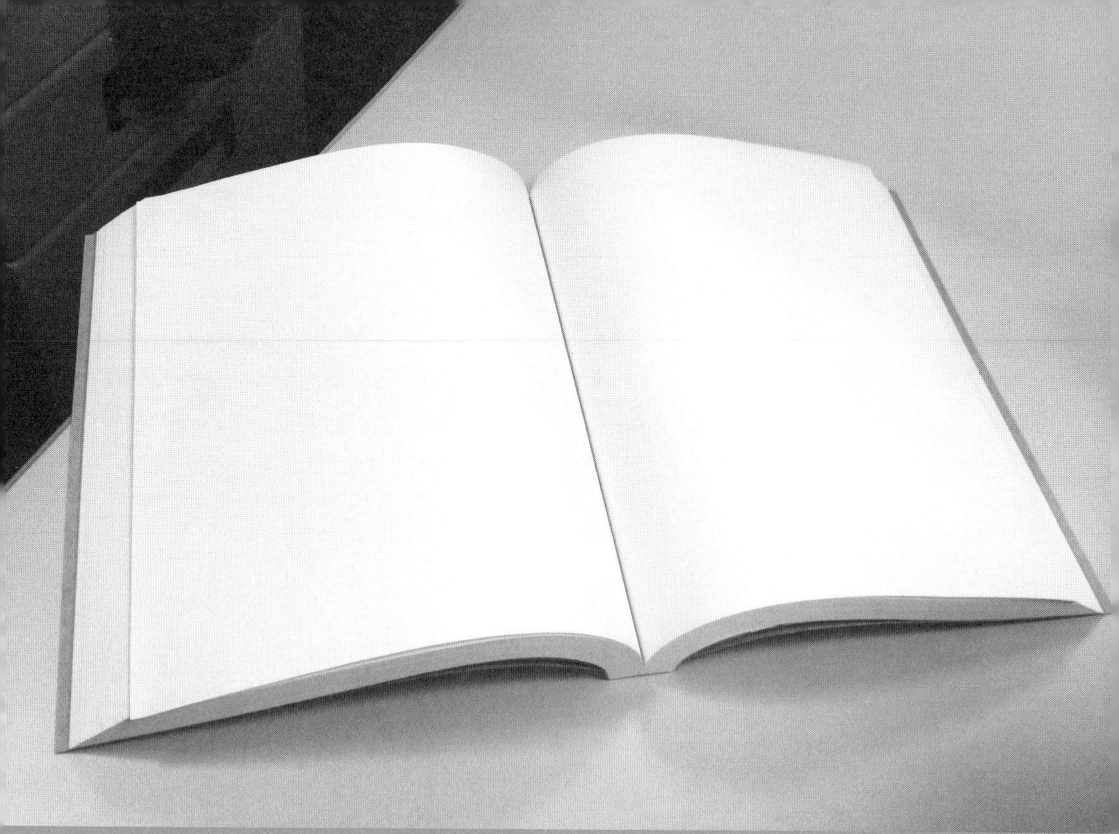

第一部

孩子們巨大的生命困惑

【能力1：關於付出】

老師的五萬塊，賭一個孩子的未來夢想

「我需要五萬塊替爸爸還債，你敢借嗎？」
他挑釁地問了我。

你是第一個嗆我讀書沒有用的孩子。
你是第一個反抗我，要我放手，不要管你的孩子。

你孤絕又驕傲，一如我年輕的翻版。我們都像飛蛾撲火，不斷挑戰彼此的底線。有一陣子，你彷彿累倦了。順從的態度讓我以為你已心悅誠服，我沉醉在和平相處的氛圍，以致於有了西線無戰事的錯覺。

他・今・天・沒・來！

「老師，他・今・天・沒・來！」班長加重語氣提醒了我。

往他的座位一望，屬於他的位置「真的」是空著，他竟然缺席了。

這孩子跑去哪兒了，不是答應過我，不會再從課室跑走了嗎？我不能接受這種不告而別的絕情。

回辦公室撥了電話，還是陷入無人接聽的窘狀。不死心的我，又接連打了幾通父母的手機號碼，一如所料，還是直接進入「語音信箱」。

他的家人呢？難道學生消失了，爸媽也跟著神隱了嗎？

負氣地向同事借了輛腳踏車，沿著蜿蜒的巷弄騎去，又焦躁又像瞎子摸象似的找起人來。

猛然看見那孩子縮在狹隘巷弄內，好像在躲藏什麼追兵似的。

「你在那裡做什麼，快出來，跟我回去上課！」我的口氣有些嚴厲地說著。

那孩子別過頭，身子再往巷內縮移。

山雨欲來風滿樓的氛圍，讓我壓抑的怒氣快火山爆發了。

「我在叫你，你快出來，不然，我進去，你可就……」當我在說話時，他竟用極度嫌惡的眼神望向我。

我被這樣的眼神刺傷了，生氣地把腳踏車丟在牆邊，直想跑進去逮人。

「別進來，你和那些追債的壞蛋一樣陰魂不散。我第一眼見到你，就很討厭你。每天只會碎念人要積極、要上進之類的話嗎？我想問你，你知道兩天沒東西吃是什麼滋味嗎？你有被人拿刀追著跑嗎？等你都經歷了，再告訴我，你懂活著的無奈；明白想解脫又解脫不了的悲哀？想當觀世音菩薩，請你有一點本事再裝……」最後，他還補上幾聲不屑地「哼、哼、哼」。

字字句句都擊得我的自尊心轟轟作響。韓愈不是說：師者，所以傳道、授業、解惑也。為什麼身為老師的我變得那麼遲鈍？針對他的提問、他的指控無法進行反駁？

但，我又做錯了什麼？「當好老師是我的夢想與志業。對不起，我自以為是的想當你的貴人，自不量力的想當你的老師。我很年輕，不知人間疾苦，沒經歷過人生的悲歡離合，但我在課室說的話，我為你做的事，出發點還是愛，還是善。這點請你不要懷疑……」一有點委屈無助的情緒湧上，許多話語如鯁在喉說不出來。

「我認真對待在課室出現的生命，有錯嗎？你歷練世事、識人無數，難道分不清誰真的喜歡你，誰真的想幫你嗎……」我的話逼得他用嚴厲的眼神回瞪向我，這個眼神好決絕。

「如果，你願意給我一個機會，我會是好老師的。但，我需要你敞開心告訴我該怎麼幫你？……」說到傷心處，自己也哽咽了。

挑釁地要求

「想幫我，要有點膽識，借錢給我吧！我需要五萬塊替爸爸還債，只是你敢借嗎？」他挑釁地問了我。

突然間，有個念頭在我心中竄起：「不要猶豫，相信你的直覺，這個孩子值得你用五萬塊證明自己的眼光。有一天，他會還我一個超過五萬塊的禮物，叫做夢想。」

我毫不遲疑地說：「好！五萬塊，馬上借你。未來，請你有能力時，一定要連本帶利還給我……。」

「連本帶利，你是高利貸？」孩子語氣更加地不屑了。

「利息是夢想，還我一個願意勇敢追逐夢想的你……」

「別以為我會相信你，錢先拿來再說……」

沮喪感頓時席捲向我，折騰了一個早上，除了滿身塵灰外，一事無成。

只能先請母親幫我領五萬元出來借孩子吧！

「為什麼要領那麼多錢？」母親擔憂地問。

「借學生家長還債。」我淡淡地說

「借學生家長？借什麼學生家長？人救急不救窮，你有想過這句話？」母親雖沒有拒絕，卻有語帶保留的猶豫。

「反正，我想要領出來給那個孩子，你幫我啦……」不知該如何回應，隨便說著理由搪塞母親。

「錢是你賺的，你自己決定。」母親不置可否地回著。

如果，我願意陪在那孩子的身邊，是不是就能讓他遠離陰影走向光明？

如果，我能讓他相信我不會放開他的手，是不是就能許他一個做夢的權利？

我祈求上天，能讓孩子回心轉意，看到我溫柔又堅持的心念。

溫燦了我的心

「這是五萬元，一起回家拿給爸爸。」我把錢放進包包，準備載他回家。

「別以為用五萬塊就可以感動無賴，我是無底洞……」孩子的語氣溫暖了，彷彿在提醒我：借別人錢可能會血本無歸？亦可能愈陷愈深呢？

「我有賭徒性格，不做賠本生意，我賭你很快就能還給我了……」我酷酷地要他幫我背包包，保護好那五萬塊。

「老師，你很單純，很容易被騙！成熟點……」孩子的話溫燦了我的心。

天呀！他一向叫我「你」，現在是叫我「老師」嗎？有沒有聽錯。

「是《小王子》這本書教會我堅持夢想、簡單純美，你想閱讀《小王子》嗎？」我裝起老學究的口氣。

「昨天爸爸還不相信我能借到錢。我告訴他，老師說會借，就是會借。她是不會騙人的好人！」剎那間，孩子冰冷的臉龐，有了微笑的弧度，好像小王子天真說話的模樣。

感謝上天，讓我選擇相信孩子，此刻，才能聽到孩子幸福的話語，正溫燙著我的心扉。

「老師，借我一本《小王子》看看吧！我想超越你，比你更有夢想……」依然自負、依然驕傲的口吻。此刻，我們的心變得好近、好近。

「當你真心渴望某樣東西時，整個宇宙都會聯合起來幫助你完成。」是孩子讓我明白，即使自己只是小小太陽，也能擁有繞著宇宙前行的力量，只要我們願意相信夢想，沒有不可能完成的事。

許多人看完這個故事都會試探地問我：「怡慧老師，這個孩子長大後，生活過得好嗎？」

「孩子，你現在過得好嗎？」每年相見時，我總會這樣牽掛著。

雖然「好」的價值，我很難替孩子定義，但我知道：「他是一個有夢想、孝順父母、有一技之長，是個能自食其力的年輕人，並讓我深深以他為榮……」

偶爾，他還會邀我到他的髮廊來個變髮大作戰，給我一個完全不一樣的嶄新造型和心情。你們覺得：我的孩子現在過得可好？

怡慧主任推薦書

- 《小王子》（安東尼．聖艾修伯里／漫遊者）
- 《牧羊少年奇幻之旅》（保羅．科爾賀／時報）
- 《少年小樹之歌》（佛瑞斯特．卡特／小知堂）
- 《沒有圍牆的學校——體制外的學習天空》（李崇建、甘耀明／寶瓶）
- 《最後十四堂星期二的課》（米奇．艾爾邦／大塊）

【能力2：關於面對失敗】

失敗如雷，轟垮學生，一封信、一本書救贖了他

「老師，我需要靜一靜，可以讓我一個人嗎？……」你的淚水震懾了我。

那天你被一連串的挫折打擊到面露愁容，靠在欄楯上無助的表情，讓我產生一種無能為力替你做什麼的慌然。

「只要參加比賽，就有輸贏！人生不會一直處於順境……」我老調重彈地安慰

著你。

「老師，我知道。但，我需要靜一靜，可以讓我一個人嗎？……」你的淚水震懾了我。

陪學生，走過幽谷

「好，我不吵你。或許，閱讀能洗去你的憂傷，讓你找到下一次為自己而戰的理由與熱情。《歷史課本沒寫出的隱情》這本書送給你。有些地方貼了便利貼，寫上一些話，你有空再看吧。老師也會找一本書來閱讀，陪你度過生命黑暗期。」我倔強地許下這個約定。

你聽完，依然沒有反應，我也只能默默離開。

那天夜讀的夜裡，突然嘩啦嘩啦地下起雨。

三月裡的小雨有些淒清寂寞，突然興起為你寫信的念頭，更希望這封信可以讓你打開心扉。

親愛的XX：

有時候，失敗的滋味很苦澀，會讓我們看不到美善的曙光，如果你期待像帝王將相一樣成功，就必須忍住更多的苦痛與煎熬。

老師期待閱讀能讓你變勇敢，讓文字以一淺清流的姿態，流淌到你的心田，滋潤你正枯涸的夢想。

今晚你應該還是困在國英數社自課本的知識競逐吧！老師正好閱讀《這一生的幸福計劃》。這本書對我來說很有挑戰。說真的，有些觀念真的好陌生，不過它是大家推薦我要閱讀的好書，因此，我非讀不可。

我的工作就是要看遍所有適合你們閱讀的好書，然後把它買進圖書館，讓它成為你們的生命之書，那是這份工作最令人欽羨的亮點。

沒有一個人能一直躲在自己的舒適圈，無風無雨也無晴，就像我必須為你們挑戰自己，嘗試去閱讀過去很少涉獵的書類一樣。面對人生的挑戰，勇敢地前進，才能享受生活起伏跌宕的情趣。

今晚，聽著落雨聲，隨著書名進行了一場幸福和雨聲的旅行。小時候，我住在雲林鄉下，只要下雨了，就格外興奮。期待明天做大水，可以停課一天，可以和親友在院子裡赤腳踩水、玩水戰。

因此，夜間只要聽見屋簷有雨聲滴落，打在瓦片上清清脆脆的旋律，就伴隨著快樂的前奏。

常常都只是空歡喜一場，急雨驟下到需要停課的機會是很少的。但，夜晚被雨驚醒的經驗是伴隨幸福的想像時光。因此，那一年，我為學長姊講讀完周芬伶的〈傘季〉後，他們被我兒時雨落在屋簷的分享與描繪感動了，竟在雨天去找屬於自己的生命幸福的旋律，震撼了我對雨季的想像。

那天放學，幾個孩子跑到彩霞樓五樓，坐在木椅上靜靜觀察晶瑩剔透的雨滴落下，傾聽雨落在校園的跫音，甚至揣想雨水流入溝渠後，會匯聚到哪一條蜿蜒的小河，又會奔流到哪一片廣袤而寬闊的海洋去。

這或許是自己用閱讀感動學生的難忘經驗，更是自己閱讀生命的真實想像與實踐。

孩子，生命雖是一段獨走的旅程，但把閱讀也帶著走吧！它會讓你從一段落雨聲，燃起一段熱情生活的想像。

今年乾旱缺水，聽到微微響起的輕雷，就會希望春雷能帶來一陣春雨，只因農耕者需要這樣自然幸福的訊號來鼓勵他們繼續耕耘的勇氣！

失敗是不是也像春雷，帶來成功前的暗示呢？

老師想用閱讀解決目前你遇到的困難。只是，有什麼方法能打開你的緊閉心扉，讓你能再次走向快樂呢？老師為你們閱讀，也為你們寫作，希望你明白老師在夜讀時總想起你們，也希望自己能變得更有能力，讓你們能因閱讀而幸福，因我而變快樂呀！

孩子依舊沒有展顏歡欣的轉變，他依然選擇寒著臉，在課堂上聽著課。

直到那天，甫進辦公室，看到一張字跡熟悉的卡片，端正地放在我的案頭。

學生的動人回饋

親愛的老師：

對不起，讓你為我等待那麼久！

其實收到信的那天晚上，我的心就自由了。

只是，我想用一次考試來向你致敬，一如你用認真的教學來向孔子先生致敬。你不是平凡的老師（雖然你常常這樣告訴我們），你也不是膽小的老師（雖然你真的很愛哭），你更不是沒有雄心壯志的人（雖然你把時間都花在我們身上）。但謝謝老師願意相信我，願意用一本書救贖我。我很受用，尤其是你圈圈畫畫的那幾個段落，讓我反覆讀了又讀。

謝謝老師的信，讓我邁開勇敢的步伐，找到了堅定的自己。你是可以守護我們的微光，也是溫暖我們生命的燭光。謝謝你，願意為了我們而變得勇敢。我也會用最好的自己告訴你：我會追隨你，成為一個閱讀者，成為你的信徒。

我願用青春的生命照亮你們走向閱讀的路途，未來，請你們也牽著別人的手，用自己閱讀的生命照亮他人的生命。

閱讀像什麼？閱讀讓我們看到了生命的希望，它讓我願意等待，等待孩子能傳承自己打開一本書的幸福。

很多的故事如今看來是船過水無痕了，但牽著孩子的手，往閱讀世界走去的堅毅，卻是我在閱讀找到的最大力量。

怡慧主任推薦書

《孤獨六講》（蔣勳／聯合文學）

《歷史課本沒寫出的隱情——那些帝王將相才子的苦痛》（譚健鍬／時報）

《芬蘭驚艷》（吳祥輝／遠流）

《少年臺灣史——寫給島嶼的新世代和永懷少年心的國人》（周婉窈／玉山社）

《我相信．失敗》（陳文茜／時報）

【能力3：關於做自己】

大男孩想「勇敢做自己」，你能和孩子談夢想、聊人生嗎？

「老師，我還以為你是一個能站在學生立場，替學生想的人……」孩子說完，很難過地走了。

「老師，我可以和你談談轉組的事嗎？我想從三類轉一類……」一個大男孩在校園攔住了我，語氣有些羞怯地說著。

「你認真傾聽過自己內心的聲音與真正的需要了嗎？還是，只是一時興起的想法……」我邊走邊和男孩聊著。

「當初選擇念三類是父母的期待，而不是考慮自己的興趣。這一年，我讀得並不是很快樂，愈讀愈沒有目標。所以，想問看看老師的意見……」大男孩支支吾吾地說完自己的想法。

「興趣和能力通常被誤解成同一件事。舉個例子，一個身材矮小的人，可以把打籃球當興趣。但是，他很難在都是長人的NBA出類拔萃的……你評估過自己是真的喜歡一類的課程，還是想逃避三類繁重的學科壓力……有沒有把興趣和能力合併思考？有沒有真正地想清楚自己未來的方向？」我開始抽絲剝繭地想替他釐清幾個客觀的事實。

大男孩在我看似理性專業的說詞下，開始變得沉默。很漫長的時間，他眼神渙散地望著我，我卻滔滔不絕地說著好幾個冠冕堂皇的道理。

當我發現狀況不對，想把話停下來時，空氣似乎凝結成一種詭異又靜默的氣氛。

「我明白老師的意思了。任何事情都要先以理性的結果論來評斷自己的決定和夢想，而不是當你聽到自己心裡的聲音時，就能馬上有機會回頭或轉彎……老師，我好像找錯人聊了。還以為你不是一般人，是一個能站在學生的立場，真心替學生想一想的人……」孩子說完，很難過地走了。只留下站在原地的自己。

老師的道歉

那孩子冷漠的話語與孤獨的身影，讓我錯愕又自責起來了。我的回話不只沒有讓他得到被傾聽、認同的溫暖，還可能是澆熄他滿腔熱情的一桶冷水。

原本，我可以是他生命能停歇、喘氣的浮木，看看我做了什麼？讓他寧願丟棄我，讓自己獨自去泅泳、去浮沉。想到這裡，我不安地、飛也似地跑著，拚命地想尋回那孩子的蹤跡。

終於，在長廊的轉角追上了男孩。

我氣喘吁吁地說：「同學，請停下來。老師，錯了……停下來，再聽我說一次！謝謝你，願意做出比老師勇敢的事。謝謝你，願意誠實地說出自己的想望，願意為自己的夢想找出路。謝謝你，讓老師看到自己的盲點，也喚醒自己想像夢想的初衷。此刻，讓我們都勇敢做自己吧！當全世界都背離了你，也要為勇敢的自己微笑，替堅持的自己打氣。」我說著說著，望見男孩沉默的嘴角上揚了，交會的眼神有光彩閃耀著。

「對不起，我還是習慣站在一個老師的角度來考慮你的處境。害怕你受傷因而變得世故；擔心你繞遠路因而變得功利。希望爭取更多人對我們決定的認同，所以，潛意識裡，還是希望你能當個聽話的孩子，比較不容易受傷……」我真心地說著。

「老師，大人是不是太迫切地想為我們複製一個乖巧、聽話的形象，難道聽話、乖巧的人生就不會有風雨折磨嗎？老師忘記了嗎？你說過，每個人的生命樣態都是不一樣，要我們勇於追尋夢想……難道你只是說一套做一套的人？」男孩一鼓作氣地把不滿說了出來。

大人常對孩子說：「你做不到！」

「每個人都是不一樣的……」孩子的話提醒了我。

年輕的我，也曾有過夢想。想當個書店的創意總監，要帶領書店走出自己的風格，像個溫暖的家，讓更多人喜歡書、親近書。想當個戰地記者，讓自己反戰的文字消弭煙硝戰火帶來的對立與肅殺氣息，讓世界和平又幸福。想當個巧手廚師，烹調出世界最美味又有質感的餐食，讓每個人都能吃得窩心又暖心。

當身邊的親朋好友一個個善意地提醒自己：「你做不到！你不可以！」一句句的關心讓我再也不敢說出自己的想望，我不願意別人再一次刺傷我的自尊心。如今，我也變成那種自以為善意的人，開始成為扼殺孩子夢想的劊子手！想到這裡，我也心生慚愧。

難道我忘記《最長的辭職信》曾帶給我的震撼了嗎？一個不甘被囚禁的靈魂，用十二堂還原自己的課程，找回自己會感動、會快樂的靈魂。不也曾讓我迷途的心，找到了方向？

用書當作破冰的橋梁

「最近，有個很酷的補教名師叫呂捷。據說，他說過的話，學生都願意聽；他獨創的莫名其妙記憶法，讓學生驚呼學歷史原來那麼簡單。他說話犀利卻有梗，是年輕人心情苦悶時，最想傾訴的人。需不需要我幫你預約，讓他來和你聊聊……他最近也出了本新書，需要我買來送你嗎？」突然想起昨天在書店翻到的書，順勢用來當作破冰、打破尷尬的橋梁。

「老師，你不覺得呂捷的崛起，似乎也宣告學校老師的價值被顛覆了？你們的存在也被挑戰了。如果，大家都去找補習班老師聊人生、聊功課、聊夢想，學校老師存在的意義又是什麼？」男孩誠懇地分享著。

「請別誤解學校老師，我們大部分時間都是真心地站在你們的立場思考。或許，偶爾囿於所見、困於所能，但別誤解每一顆愛你們的心。此生，每個人都在學習從錯誤中找到更好的自己。你也別用世道的價值、好壞，斷定老師存在的意義，好嗎？很多老師只是單純地想在你們成長的道路上，陪孩子走一段你們喜歡的路。有位校長曾說：自己的學校要自己救；同樣的，我想說：自己的人生要自己認真走，才能看清自己真正想要的人生方向。」我認真地說著。

「老師，我會用心去思考轉組這件事。人生是我的，我該為自己的選擇負責。如果，我都不知道自己要什麼，想走到哪條路去，我又何必生氣大人給我的答案不是我想要的呢。或許，潛意識，我也不過是想找個人背書，當個和我對抗這個世界的替死鬼而已。不過，我還滿想看呂捷的書，你可以送我一本嗎？」男孩說話時的笑容變得很燦爛。

「Good job，你的笑讓我想起《厝邊巷尾就是我的人生學校》的劉興欽。有些事得經過歲月的淬鍊，才知其美好；有些話得真實經歷過，才知靈魂顫抖過的感動。一個好老師也需要歷經大小瑣事的考驗，才能成為學生的依靠。為了學生，我要再把書櫃中《學校沒教的10件事》再拿出來好好讀一讀……」我拍拍男孩的手臂，向他道別。

或許，勇敢做自己不一定會成功，但每個人絕對值得為夢想去好好追尋、闖蕩。失敗和低潮並不可怕，只要我們願意再一次給自己一個改變的機會，現在的loser未來有可能會是最有故事的Winner。

怡慧主任推薦書

《哥教的不是歷史，是人性——呂捷親授，如何做一隻成功的魯蛇》（呂捷／圓神）

《最長的辭職信》（黃淑文／圓神）

《厝邊巷尾就是我的人生學校》（劉興欽、劉永毅／如何）

《學校沒教的10件事》（比爾．博納德／商周）

《堅持——K老師給我的人生禮物》（裘安．利普曼、梅蘭妮．庫普欽斯基／平安）

【能力4：關於價值】

會考拿B好悔恨……勝利組是別人框的？還是自己加的？

「老師，難道我這三年的努力，就沒有人能肯定嗎？」孩子難過地說著。

「差一題，竟變成B++，我和前三志願Say Goodbye了！」

「為什麼我的積點比他高，我的A++卻比他少一個……」

上週國中部的孩子拿到會考成績，邊說邊簌簌地流著淚水。

你一言，我一語的哭訴，讓我心疼得不知該從何說起，只能靜靜地傾聽著。

「老師，你評評理，會考制度是不是很不公平？」孩子激動地問我。

「為什麼平常我都得到A的評價，現在卻變成B，我真的很無奈！」孩子沮喪地說。

「老師知道你們很難過，徬徨與無助的情緒會讓你們懷疑自己的學習力為何變差了，甚至，生氣自己怎會輸在這場生命中很重要的考試，是嗎？」我同理地說著。

「老師，會考過後，被成敗論英雄的感覺好差、好差！難道我這三年的努力，就沒有人能肯定嗎？」孩子難過地說著，眼神顯得有些疲憊。

「想想三年來，你們在課室中快樂學習的心情，熱情奔放的創造力，多令老師喜歡。你們想轉換個心情嗎？陪老師邊走邊聊吧！」我企圖幫他們轉換著心境。

「現在那麼悶熱，去哪裡好？」孩子有氣無力地問。

「就讓老師替你們服務吧！畢業前獨享的專人導覽喔！你們想看我當圖書館導覽解說員的可愛模樣嗎？」我俏皮地說。

孩子們被我古靈精怪的口吻逗樂了，旋即起身和我到圖書館閒逛。

「這是藝文展演區、雲端VIP自學區、書籍查詢預約區、好看漫畫區……」滔滔不絕地說著，孩子似乎也感染著這份眉飛色舞的情緒。

成為學生們的翅膀

「老師，聽說四年多前，這是塵土飛揚的空地，你就想出要如何規劃的點子了嗎？」孩子認真地問。

「其實，萬事起頭難，很多事都是老師不懂、不會的。但是，我遇見很多生命的貴人，讓我知道學習是一件快樂的事，從不知道到知道的歷程，很值得花時間經營。同時，也從失敗中學習，體會到只要你願意，很多人都會來幫忙你圓夢的……」我感恩地回答著。

「你喜歡老師這份工作嗎？」孩子充滿疑惑地問。

「喜歡呀！雖然，學生偶爾還是會拒絕我的關心；有人還是會不理會我的付出。但是，身為老師不是為了學生的反饋，才昂首站在講台上；不是為了別人的掌聲，才願意靜靜守候在校園中的。終此一生，我們都想實現一個讓孩子天賦自由的夢想，成為他們的隱形翅膀。」我由衷地說著。

老師的失敗分享

「老師，你有落榜的經驗嗎？」孩子換個話題問我。

「當然有，我還記得拿到研究所落榜通知單時，不只是晴天霹靂，還困在自己是個失敗者的情緒中，久久不能平復。」我悠悠地說。

「後來呢？老師如何找回自信心的？」孩子趕緊問著。

「旅行、閱讀常常讓我擱淺的心，找到重回廣袤海洋的力量。那時候陪伴我走過失敗的痛苦的是朱天文《炎夏之都》那本書。或許當時的我也面對一種被排擠的心情，有些焦慮不安，彷彿被放逐於華麗的世界之外，她的文字同理了我的負面心情，也讓我正視到自己的脆弱，想更積極地透過閱讀與書寫，找到下一站幸福的方向。

「很多事情都可以重新開始，只要願意放下陰鬱的執念，柳暗花明又一村的機會都會出現的。」我認真地說著，突然眼光瞄到一本待會兒可以和孩子聊的書。

「之後，我回到母校師大，一個人坐在紅樓的教室內發呆，依稀看到文學史老師寫滿黑板的認真身影，甚至把過去天天踱步的長廊再行走一次，我彷彿聽見友伴間晨昏相親、相互打氣的歡笑聲。

「最後，在黃澄一片的阿勃勒樹下，享受燦亮陽光從葉縫間灑下的溫暖，我覺得上天對我好慈悲、好寬容。像我這樣平凡的人，卻能得到人情的溫燦、天地恩澤的浸潤，突然轉念：世界其實很美好，端看我用何種心情來看待。是友善？是仇視？是寬容？是憤怒？都會影響未來的人生方向與發展。」

著。

沒有人能評價我們

「所以，老師希望我們不要成為憤世嫉俗、凡事抱怨的人嗎？」孩子貼心地問著。

「人生際遇有高有低，偶爾你會發現懷才不遇了，環境看似無法給予你最大的支持，除了抱怨、生氣，難道沒有更好的情緒來面對嗎？孩子，會考制度的確無法做到處處公平，也或許你認為這個制度，犧牲了你某些該得的權利。但是，換個角度想，**我們是不是也被別人眼中的等第給框住了呢？我們為何要困在別人比較的眼光中？**活在是否比別人優越的世界中，與人爭個勝敗輸贏，之後呢？**人生沒有A、B、C的等級，只有你願不願意為自己努力，願意替別人付出**，甚至成為他人生命擋風遮雨的堅強依靠，這樣的你，是不是更可喜可愛呢？」我認真地和孩子們聊著。

「老師希望我們放下負面情緒，樂觀地接受命運的安排嗎？如果，我願意相信自己，不論到哪裡讀書，我都能成為值得被尊敬、值得被鼓勵的人嗎？」孩子開竅地問著。

「沒錯！沒有人能評價我們。請別忘記，老師一向很以你們為傲，以丹鳳為榮。即使沒有人聽過丹鳳高中，老師還是很想向世人宣告：這裡的學生，單純可愛，不只有善良的心，還能聽得進老師的諄諄教誨；這裡的老師，認真熱情，不只有團隊合作的精神，還能相互扶持打氣，是個幸福的校園。當我氣餒時，總有個微亮的方向，可以前進。懂得珍惜看不到的幸福，把愛分享出來，溫暖他人生命，我們將活得更有價值。」我熱血沸騰地說著。

「你們知道嗎？很多人常羨慕別人擁有得多，卻很少去觀察成功者的背後，是不是比『其他人』付出更多的心力？他擁有的掌聲，可能是用盡全身力氣換來的；他得到的讚嘆聲，是無數孤獨與傷痛換來的。跟著智者前進，你會擁有知識思辨的能力；跟著仁者前行，你會擁有良善待人的特質。爭一時，不如愛一世，其中的道理很值得你們花時間去思考！」我有感而發地再補充著。

從問號開始出發的學習法

「《猶太人超越全世界的讀書法》這本書超棒的，請從書架上拿下來一起閱讀吧！」說完後，立馬化身為說書人的角色來。

「哇！賈伯斯、愛因斯坦，都是猶太裔？」

「諾貝爾獎得主中有接近兩百位是猶太人，在美國哈佛大學的入學率，竟高達百分之三十，好驚人的數字！」孩子好像發現新大陸似地說著。

「你們知道猶太人為什麼會那麼優秀？他們靠的是讓全民都變成天才的教育方式。他們讓學生在學習中擁有不單純的好奇心，不嘲笑孩子天馬行空的想法，鼓勵他們運用好奇心，發現問題和提出問題。所以，猶太人的讀書方法是從問號開始出發的，然後循序漸進地培養出孩子自主學習的能力。

「其中也提到『虎子帕』（Chutzpah）精神，教會他們保持平靜快樂的心境，不要害怕失敗，願意從挫敗中站起來，繼續接受挑戰的考驗。另外，猶太人的學習是團體戰，落實獨學不如互學的想法，從夥伴身上學習的，最後也能再反饋給其他夥伴，彼此享受共學共好的學習樂趣。」我簡單地做了些書訊與摘要。

面對驪歌輕唱的時節，離情別緒湧起，總是淚潸潸而情難捨。望向窗外，我瞥見綠樹大氣地展著新葉，襯著湛藍的穹蒼，頓時一種抑鬱的煩悶，也就在這片風景中隱去。孩子似乎也感受到這份恬靜的氣氛，神色都愉悅了起來。

孩子，你們就像今畢輝煌而展翅高飛的鵬鳥，未來正等著你們去翱翔呢！不過，請你記得：在丹鳳有個為你守候、替你等待的一方園地，等著你們偶爾回家來聊聊你的快樂與哀愁。

怡慧主任推薦書

《猶太人超越全世界的讀書法》（李大熙／遠流）

《炎夏之都》（朱天文／印刻）

《未來教育新焦點》（丹尼爾・高曼、彼得・聖吉／天下）

《以愛翻轉生命的數學課》（陳立、張甄薇／先覺）

《異數——超凡與平凡的界線在哪裡？》（麥爾坎・葛拉威爾／時報）

《教育應該不一樣》（嚴長壽／天下）

【能力5：關於找尋自我】

從「讓天賦自由」，談獨一無二的你

我們必須先找到自己獨一無二的特色，這件事比考一百分還重要。

「老師，我就是矮胖，才會被同學討厭排擠！」

「老師，我就是不起眼，才會如此不受歡迎！」

「老師，我就是笨拙，才會每次考試都最後一名！」

這是青春期的孩子常常會焦慮的事，也是他們時常問我的話。

聽到了，心中是不捨，亦是反省，孩子的呼喚也讓我去思考：「身為一名老師的意義，或許短時間傳不了道、授不了業，至少要當個能為孩子解惑的人，至少要能協助他們找到自己的天賦，成為這個世界獨一無二的夢想家。」

每每當孩子找不到彷彿若有光的時刻，我就會帶他們閱讀肯．羅賓森《讓天賦自由》這本書。

我最喜歡和孩子分享這樣的心情：「每個人活在這世界，的確要面對許多群體的壓力。小時候，我們都是父母眼中獨一無二的寶貝，是小王子、小公主。但，進入學校教育後，我們開始被標籤、被排名、被分類。你們是不是覺得上學變得不快樂了？壓力變大了？」

自我剖析老師的困境

「老師，為什麼我喜歡畫圖，卻沒有人讚賞我，反而叫我去讀書？」

「老師，為什麼我就是背不出來，卻要一直罰寫，甚至被質疑我偷懶？」

孩子的提問，總讓我心頭一緊，該如何安頓他們受傷的靈魂？找到安身立命的依靠？《讓天賦自由》中的隻字片語總讓我很有啟發，靈光乍現時，就能和孩子分享：「老師們都是學習勝利組，從小我們讀得快、背得好。所以，原諒我們，會很容易地把這種成功經驗複製到你們身上。不過，這個出發點真的是愛，但這份愛也讓你們窒息，它扼殺你們的天賦。針對這點，我很抱歉，你們不該是吐司工廠裡的吐司，你們可以是各式各樣好吃的麵包：波蘿麵包、蛋塔、奶酥麵包、千層派，樣樣都比白吐司好吃，而且造型漂亮！」我有些懺悔地回答著。

孩子們聽完這樣的回話，總是貼心地笑了，這好像是一種師生體諒後的和解，又好像是一種感知老師辛勞的理解。

接著我會告訴他們：「**學校應該是培養孩子自信心的地方，沒有一個人可以在找不到天賦時，就離開學校**。老師的工作是讓你們天賦自由後，學會愛別人，也愛自己。是不是可以先把這本書帶回去讀一讀，明天我們再來聊聊彼此的天賦？還有如何讓天賦自由的方法？」我總是別有用心地想讓孩子多讀一點書籍，多認識一些大師，學著安靜閱讀，和書中的智者對話。

與學生約定聊書

「明天放學與老師有約嗎？要聊《讓天賦自由》的讀後心得嗎？」

孩子總是看透了我的心思，比我這個不善藏拙的老師更能感知別人的心意。

「上高中了，有找到自己最喜歡的學科了嗎？」

「上高中了，有看到自己的亮點，找到夢想起飛的自己了嗎？」

孩子剛聽到這些提問，不像昨天鴨子聽雷、面面相覷的窘狀。讀了書，果然言之有物，人也變得自信、有光采。孩子一一回答了我。

「老師，肯・羅賓森是不是認為智力和創意是不一樣的；快樂學習和填鴨背誦是不相同的。所以，找到天賦就能學得快樂又有創意。」

「老師，無感與熱情兩種特質將會造成截然不同的生命能量，所以我們要勇敢相信自己，找到自己的獨一無二，就能找到天賦，是嗎？」

「如果，我學習的，都是自己不喜歡的，久而久之，自己也會愈來愈沒有動力去學習。」

「現在，我開始賞識自己的帥氣，不能上課睡覺，因為我有當領導人的天賦，當然要用心學習。未來，我可要當台灣總統。」

那孩子一說完，就被大家一陣追打，辦公室頓時變成嘈雜的菜市場，師生間瀰漫著溫馨流轉的氣氛。

比考一百分還重要的事

「別鬧了，讓我這個天賦已經自由的專家來說吧！首先，我們必須先找到獨一無二的特色，這件事比考一百分還重要。一個喜歡畫圖的孩子，你不能叫他去唱歌，這不是孩子不優秀，而是老師、父母要他做的事根本不是他的天賦。」

「來點掌聲吧，你們都說得很好喔！肯．羅賓森讓老師知道，不是每個人都要有和老師一樣的天賦，更不是每個人都得在學業上表現優秀，更不該要你們去複製自己成功的經驗，這太不切實際了。一日之所需，百工斯為備，這個社會需要各種天賦自由的人才，否則誰來當明日麵包界的吳寶春？誰來當明日馬拉松界的林義傑？誰來當明日台灣電影界的魏德聖？**你們只要找到自己的天賦，知道自己如何把力量放在自己喜歡、擅長的事情上，這件事就會是你的信仰**。你就會像孔子一樣，總能進入發憤忘食、樂在其中的境界，成為現代各行各界的至聖先師。」

只要選對位置，人人都突出

第一次發現我說得那麼認真，孩子聽得那麼起勁。原來沒有學不會的學生，只有不會教的老師，謝謝肯．羅賓森《讓天賦自由》這本書，讓我知道這個道理。

親愛的孩子，希望從這本書你們都可以找到自己的天賦，也找到了自信，同時對學習永遠充持活力與信心。

從今天起，你們不要擔心身高、體重會影響你的美好，因為你已經擁有自信，怎樣都亮麗。你們不要煩惱成績高低會限制你的發展，因為你已經找到天賦怎樣都優秀。你們不要困惑同儕眼光會傷礫你的夢想，只要選對位置，怎樣都突出。

未來，即使面對困難，一定要相信自己，告訴自己：「只要找到自己的天賦，願意用心付出，就能超越挫折的藩籬，找到突破的機會。」

在老師心目中，你們都是獨一無二的明日之星，謝謝你們讓我知道：只要我們願意，什麼事都可以做到，一起加油囉！

怡慧主任推薦書

《讓天賦自由》（肯．羅賓森／天下）
《人生如果是一個（　），你想填入什麼？》（彭明輝／聯經）
《你的孩子不是你的孩子》（吳曉樂／網路與書）
《恭喜畢業——離開學校後，最重要的事》（喬治．桑德斯／新經典）
《我是馬拉拉》（馬拉拉／愛米粒）

女高中生難過情關，感情這門課該怎麼學？

【能力6：關於愛情】

「老師，他不要我了。分手不用討論嗎？分手不用說一聲嗎？」

女孩歇斯底里地問起我來。

「老師，他的愛讓我快窒息了！怎麼辦？」

「老師，我該怎麼告訴他，我想和他分手？」

平日如膠似漆的男孩和女孩，最近陷入相愛容易，相處難的感情泥淖，被情關困住的兩人，在一觸即發的火爆氣氛中焦躁著。

放學後，女孩跑來找我訴苦：「過去還是朋友時，我是被捧在手掌心的公主；成為一對戀人後，我卻變成禁臠的籠中鳥。」女孩心情沮喪地說。

「男孩會對你做出不禮貌或暴力的舉動嗎？」我擔心地問。

「不會，他算尊重我。只是，他真的管很大耶，愛吃醋、嫉妒心又重……」女孩激動地說出自己的困擾。

「找個機會把男孩帶來，老師或許可以幫你一個忙，好嗎？」我試探性地問著。

女孩點點頭，望向我的眸光，彷彿在傳達一種信任的囑託。

最有心的安排

「老師，您找我？」男孩口氣羞澀卻有禮貌地問。

「最近，圖書館要採買好幾套班級共讀的書，不知你和XX有沒有空幫老師試讀這些新書？」

「XX有答應老師要幫忙嗎？」男孩徬徨地詢問著。

「有耶！你願意陪她一起來幫老師的忙嗎？」我邊問邊觀察男孩的態度。

男孩猛然點頭答應，還喜出望外地拿出行事曆，開始圈日期。

某天中午，我把預定要給兩人閱讀的書交給女孩。

「你覺得這本書說的話有道理嗎？**戀愛，不是計較誰愛你比較多，而是誰能讓你做自己比較多。**」

女孩隨興地念出內容，男孩也開始思索女孩話語中的玄機。

用一本書，為孩子勇闖情關

過了一會兒，兩人好像受到肆一文字的感召，不約而同地閱讀起來。

「老師，您可以把肆一《想念，卻不想見的人》、《那些再與你無關的幸福》這兩本好書都買進館內嗎？他的文字好療癒喔！也很適合我和她一起看……」男孩開心又豁然開朗問著。

「好看？有什麼感動人的故事或哲理嗎？」我故意裝傻地問著。

「肆一的文字讓我體會到，我不該去問對方會愛我多久，而是問自己願意為對方變成更好的人嗎？願意為喜歡的人再更努力一點嗎？」男孩若有所思地對女孩說著。

用一本書來為孩子勇闖情關的策略好像奏效了。

女孩聽到男孩的溫柔歉語後，眼神變得溫柔地說：「自己太幼稚了，不懂如何珍惜對方喜歡我的心意，只會抱怨。未來，讓我們改變彼此的缺點，放大兩人的優點，攜手邁向更好的未來吧！」

女孩和男孩透過閱讀找到愛與被愛的意義，也願意給予彼此成長的時間與空間。喜歡一個人的心情是甜蜜的；愛一個人的心意是美好的，閱讀挽回褪色的愛，斑駁的情，也尋回愛一個人是希望對方活得更好的初衷！

當告白失敗……

某天午後，女孩的閨密竟垂頭喪氣地走來找我：「老師，我好糗，糗爆了。」女孩難過到令我不捨，忍不住拍拍她的肩膀，替她打氣，也示意她繼續說下去。

「暗戀一個人真的很痛苦。沒想到，勇敢表白後，人生整個變調了……我被男生無情地拒絕了。」女孩委屈地說著。

「他拒絕你的原因是什麼？希望我的問法，不會讓你有在傷口撒鹽的感覺。」我有些歉然地問著。

「他酷酷地說：『我們不適合。』然後就轉身瀟灑地離開了！」女孩傷感地說著。

「天呀！拒絕別人也該溫柔敦厚些，這樣的做法太自我了。請你不要受傷，你對愛情的表達很率真。同時，更**不要因為他拒絕你，就覺得自己不夠好**，然後就開始變得沒有自信喔！」我心疼地叮嚀她。

「可是我的腦海卻一直盤旋著：他為什麼不喜歡我？是不是我不夠好？我是不是不值得被愛？」女孩開始泛淚地啜泣起來。

「孩子，愛情是一種很玄妙的感覺。有時候，相愛是緣分，無關乎誰好誰壞。**請你一定要相信自己是世上最獨一無二的女孩，真的不需要為了討好誰，而去改變自己**。錯過一次愛情，世界不會毀滅；錯過愛自己，就失去擁有幸福的機會。面對人生的每個驛站，你是要上車，還是下車，考驗著我們留下來或離開的智慧。」我有感而發地說著。

「老師，你覺得我還能被別人喜歡嗎？」女孩傻氣地問。

「當然！你是我眼中陽光可愛的正妹，當然值得被所有的人疼愛。你願意用真心去表白，這一點就值得學習。更厲害的是，坦率地接受表白後的結果，比任何人都勇敢呀！為你的認真表白，送你一本好書《表白》。

「讀完後，你會發現：『人生不只要對喜歡的人表白，也要學會對親愛的家人、朋友好好地表白。生命之愛是有很多面向與觸角的喔！』」我真心地分享著。

女孩安靜地坐在我身邊，翻著我送的書讀了起來。

多希望女孩能被文字慢慢地撫平心靈的瘡瘢，一步步走出被拒絕的憂傷。

孩子，文字能讓你找到表白的勇氣，學習被拒絕的胸懷。相信未來，即使我們被拒絕了，離去的身影依然優雅、美麗，令人尊敬呀！

播放一首劉若英的歌

某天下課，我在走回辦公室的長廊上，被一名滿臉淚痕的女學生撞到了。看到她失魂落魄的樣子，讓我擔心地詢問著：「你怎麼了？看你這樣，老師很心痛耶！」

「老師，他不要我了。前陣子，他把FB的感情狀態改成一言難盡，現在又從一言難盡改成單身。這是怎樣？分手不用討論嗎？分手不用說一聲嗎？」女孩開始歇斯底里地問起我來。

要不要先讓心情穩定下來，陪老師慢慢踱回辦公室吧。

「老師，我真的真的很難過，他為什麼連說再見的機會都不給我，人就避不見面，然後神隱？這樣很傷人耶！」女孩難以接受地問著。

「戀愛本來就不是容易的事。尤其，一段只有開始，卻沒有好好結束的愛情，是很痛苦的領悟。不過，相愛是緣分，分手是藝術……」我傷感地說著。

我說完後，試著播放一首劉若英的歌，試著讓她的心情先平復下來：「後來，終於在眼淚中明白，有些人，一旦錯過就不再……」

「老師，道理我都知道，只是真的放不下。想到過去，心很疼、很酸，就會有想哭的感覺。」女孩忍不住地梨花帶淚了。

「失戀很難在短時間習慣，當愛情奏起分離的輓歌後，我們也只能學著習慣一個人的生活。愛被迫畫下休止符時，若願意真心祝福對方，不只你能放下糾結的情和破碎的心，更能為自己找到下一站幸福。面對分手的時刻，灑脫地揮手說聲再見，才是懂得愛人與被愛的好情人。」

如何面對失戀的痛？

「老師，你不會被拋棄過吧……你描繪分手的心情好有畫面感喔！」孩子問得直率，我竟不知要如何回應。只好裝傻地轉身到書櫃拿出一本《分手，沒有想像中的痛》的書交給她。

「或許，愛得深，痛才會那麼深。如果懂得愛情，**在分手時學習放下，才能得到真正的自由**。放下，才能將逝去的愛情，轉換成生命正面的能量。面對分手放下怨恨的心念，留下真摯的懷念，分手分得快樂，才是談情說愛的高手。」我故作雲淡風輕地說著。

「老師，面對分手，你展現出過人的成熟風範，是不是所謂的三折肱為良醫呀？到底有沒有被分手過……」女孩用揶揄的口吻逼問著我。

如果這樣的誤解能博她粲然一笑，我願意被女孩如此誤讀著。

「你真的是深藏不露的戀愛達人耶！疑難雜症的愛情都該找你診斷診斷……」女孩打廣告似地說著。

聽到這樣的恭維，讓我再也忍不住，噗哧噗哧地笑起來。

原來，閱讀各式各樣的書籍，也能讓我贏得戀愛達人的封號。

在年輕的時候，如果你愛上了一個人，請你請你一定要溫柔地對待他。不管你們相愛的時間有多長或多短，若你們能始終溫柔地相待。那麼，所有的時刻都將是一種無瑕的美麗。

情關雖然難過，閱讀卻能讓你勇闖情關呀！一如讀著席慕蓉浪漫的詩句，恰能為孩子年輕的愛情，留下最美麗的註腳與餘韻呀！

恰慧主任推薦書

《想念，卻不想見的人》、《那些再與你無關的幸福》（肆一／三采）

《曾經，有一個這樣的你》（Middle／三采）

《表白——那些說不出的話》（Dorothy／時報）

《分手，沒有想像中的痛》（薇薇／凱特）

《無怨的青春》（席慕蓉／圓神）

【能力7：關於學習】

從《為什麼孩子要上學》談學習的意義

我能借用一本書，讓孩子自己找到為什麼要學習的答案嗎？

老師，可以告訴我，讀書的目的是什麼。
老師，除了背書、寫考卷，我還能做什麼？
老師，生活好無聊，每天都找不到努力的目標？
那天是冬雨綿綿午後，孩子在下課時猛然地圍住了我，七嘴八舌地強問了這幾個問題。

聽完他們求救的聲音，我的心也隱隱作痛著。剎那間，竟無法說出任何隻字片語來安慰他們，只能靜靜地體會著他們的哀愁與焦慮。

那群年輕孩子的眼神原本是閃爍著夢想家的熠熠眸光，如今，個個都像戰敗的公雞，找不到睥視昂藏的豪情。

上課鐘響了，適時地打破師生面面相覷又尷尬的無聲時刻，孩子貼心地和我揮手道再見，但，身為師者無能為力替孩子撐起學習半邊天的焦慮，讓我走回教室的腳步變得舉步維艱了起來。此刻，校園正瀰漫在煙雨濛濛的氤氳中煞是美麗，但心情蒙上愁苦的陰霾，讓我也無心觀賞。

影印家中的書，給孩子讀

走著走著，突然，腦海中竄入前些日子讀過大江健三郎的幾句話：「如果連大人都不信有美好的未來，卻要孩子們相信明天會更好，這無疑是不負責任；不過為了下一代，我們大人應該要提起勇氣，替下一代找尋新的思想之路。」

對了！就是大江健三郎的那本《為什麼孩子要上學》，有我想告訴學生的答案，我要快點回去書櫃找一下……

或許，我可以借用一本書，讓孩子自己找到生命的答案，或許，我也可以讓孩子體會閱讀的力量，就是在心有千千結時，過往讀過的訊息，就會靈光乍現在腦海中，替我們找到豁然開朗與清明的心情。

當天晚上，我仔細地在大江健三郎的書中找了幾段重要的文字。用家中的影印機印了幾篇為什麼孩子要上學的故事，順手用閱讀便利貼，註記幾個重要的篇章。在有關鍵句的頁扉，畫上七彩的線條，寫了幾段眉批在空白處，讓孩子能從閱讀中找到解開疑惑的鑰匙，也從我的文字中，找到師生安靜共讀的靈犀。

隔天早晨，我迫不及待地把大江健三郎的書本交給孩子，希望他們先從影印版的章節先讀，再把書籍輪流傳閱。

和孩子約好一個放學的時間，讓師生好好來討論「為什麼孩子要上學」這個玄妙又難解的問題。

一本書，成為孩子集體對話的橋梁

「老師，原來大江健三郎老師的兒子出生時被診斷為弱智，卻能透過學校教育的協助，讓他也能成為一流的音樂家的故事，真的好感人喔！」

「老師，是我們把書讀死了，考試把教室弄沉悶了，讀書原來不是只有ＰＫ成續而已，還有很多跳脫刻板知識以外的想像。」

「老師，我們從學習相同知識的學校，找到夥伴解決生活的問題，靠友伴的合作，跨越挫折的藩籬，那種雨過天晴的成長滋味，才是上學的意義。」

「老師，這本書真的是諾貝爾文學獎得主大江健三郎先生寫的嗎？原來，認真地看，我也可以看得懂那麼深難的哲理散文。我還真的不賴……」

聽完孩子在夕陽餘暉下分享的模樣好動人，上次困擾他們的問題，透過一本書的共讀，開始有了集體對話的橋梁。

延續他們的話題，我也與孩子們分享：「學校教給我們的，不全然是知識的堆疊或累積而已。學校教育是希望透過老師在課室的教學，把前人留給後世的智慧，用與時俱進的方式來讓孩子學習，也期待透過自己的教學法，把知識教活了，讓你們能把知識學以致用，活用學校所學，**讓知識轉化成一輩子帶著走的能力**。

「目前課室的學科，不論國、英、數、體育、音樂等，都是這個國家期待下一代必須要共同學習的知能。如果，我們能從學習基本知能中，找到自己的天賦，讓自己在未來進入社會後，能成為工作場域發光發熱的小太陽。老師也很珍惜能和年輕的你們一起讀書、一同遊戲的歲月，並能體現這個世界的真善美，期待你們真能把所學所能貢獻給這個社會，就是上學的意義。」

「所以，老師的意思是我們把書本讀死了，書本貯積聖哲的智慧，需要靠我們來創發、改造，就是站在巨人的肩上看世界，把知識的範疇擴展出去，是嗎？」

「因此，我們在學生時代所學到的讀書態度、待人處事的哲學，將會影響我們一生。學習就是期待我們能在課室找到夢想，和同學、老師一起來築夢囉！」

學習，不只是為了考試

「現在，我們把知識拿來當分數上的競逐，當然不快樂，或許是我們要轉個彎了。」

幾個慧黠的孩子舉一反三的回答，似乎已心領神會我啟迪他們的用心良苦。

得天下英才而教之的快樂，讓我進一步分享：「沒錯，學校不是知識堆疊複製的場所，是敬天愛人的地方，如果讀書只為了考試，學習就變得沒有趣味了；如果你們的課室充斥太多的功利氣息，我們找不到彷彿若有光的人生方位。所以，別讓上學的快樂與感動變得虛無縹緲。我們共同來營造學習的樂趣、編織學習的回憶、激盪學習的創意，讓上學可以隨心所欲地拼貼出更好的學習地圖來。」

孩子開開心心地說了：「謝謝老師，讓我們對為什麼要學習的意義漸漸地了然於心。再見囉，親愛的老師！」

當我們不再強迫學生要一字不漏地背出蘇軾的〈定風波〉時，或許孩子就能真正體味東坡居士也無風雨也無晴的豁達閒適；當孩子不再被地形雨、卷積雲等知識的背誦困住時，或許他就能體會「水光瀲灩晴方好，山色空濛雨亦奇」的心境。

大江健三郎老師不直接回答「為什麼孩子要上學」的原因，卻讓閱讀的我們去省思、去找答案，也讓我知道：「生命只要願意跨出樂觀的足踏，生活的彩光就能照拂荒蕪之境，讓幸福的芳菲乍然萌發。這就是上學的意義，也是師生共學的感動呀！」

怡慧主任推薦書

《為什麼孩子要上學》（大江健三郎／時報）
《青春第二課》（王溢嘉／野鵝）
《轉學生的惡作劇——穿越時空找回勇氣的成長冒險旅程》（喜多川泰／野人）
《話說不好，忙到死也不討好》（王介安／尖端）
《高校入試》（湊佳苗／台灣東販）

【能力8：關於友誼】

友誼好脆弱，為什麼我們不再是好朋友？

「老師，我就是要和小傑絕交！」男孩斬釘截鐵地說。

「剛剛上課為什麼在發呆？」我拍了拍神遊許久的男孩。

「我正在寫一封絕交信！」男孩頭也不抬地回答。

「你準備和誰割席斷義？」我順勢問。

「老師，你說話太文謅謅了，反正我就是要和小傑絕交！」男孩斬釘截鐵地說。

自己喜歡或特別在乎的人，因在心中占有重要的位置，才會在關係不對等時，興起玉石俱焚的情緒。

面對盛怒的男孩，無論我說什麼，都會是反效果。一如《跟任何人都可以聊得來》所云，話多不如話好，話還是要說在對方的心坎上。

先以蘇打綠的歌，柔軟孩子的心

隔天，特意把孩子叫來，讓電腦螢幕播放蘇打綠〈當我們一起走過〉的MV。歌曲音韻悠揚美妙，歌詞雋永有味，孩子也被「我們被寫在彼此心裡，愛呀老朋友」的片段，攫住了思緒，眼睛也有些迷離。

「怎麼了，還好嗎？昨天告訴老師的事，有沒有轉圜的餘地？」我試探地問。

「沒有轉圜的餘地，我不會接受一個背叛者的再回頭。誠信不是交朋友的第一要素嗎？」孩子倔強地回答。

「你認為小傑欺騙你，可有發現什麼蛛絲馬跡？」我再次試探地問。

「老師，他和其他人偷說我的壞話，連分組都要故意排擠我。最令人痛心的是，他把我送他的手作聖誕卡片亂傳，讓我的祕密曝光！」孩子委屈地說。

「這會不會是誤會？你和小傑不是從國中就建立起無堅不摧的革命情感。而且，能一起經歷過七年校園生活的風風雨雨，不是件容易的事，能分享彼此心事祕密的老朋友，錯過很可惜。」我理性地分析著。

「如果，他連個解釋都不給我，我又何必自討沒趣地乞求著他的友情？」孩子語氣有些堅決。

小傑在我心目中，不是見異思遷、無情寡義的孩子，到底他們兩人誤會的癥結點是卡在何處？如何讓他們談清楚、說明白呢？

我該居中協調一下，讓兩個好朋友來個破冰。

哽咽的大男孩

「小傑，你看起來悶悶不樂，怎麼了嗎？」我拍了拍情緒低落的男孩。

「老師，最近我可能犯小人，做什麼事都很不順。」男孩低聲地說。

「不會吧！你看來運勢很好，除了感情……好像有點小狀況！」我故弄玄虛地說。

「老師，你好神，我真的有感情的問題，不過是友情……你可以幫我改運嗎？」男孩誠懇地說。

「你得先告訴我，你們發生了什麼事？」我看著他問著。

「老師，七年的兄弟情誼，沒想到那麼禁不起考驗。我和小宇平時雖會吐槽對方、互開玩笑，但絕不會做過分的事。沒想到，最近，他一直告訴別人我把他暗戀學妹的事，搞得舉世皆知。這樣的指控不只害得學妹尷尬，也讓我十分光火，朋友之間不用放話嗆聲吧！」小傑有些生氣地說。

我點頭，示意他繼續說下去。

「最近，他常找不熟的人同組合作，偶爾還擺個撲克臉，說話酸不溜丟的。我又犯了什麼錯？」男孩說到激動處，聲音有些哽咽了。

聽完兩方的說法，也找到癥結點：他們都很在意對方，也沒有要背叛對方，或想和對方絕交的意思。壞就壞在，兩人都在打啞謎，不願打開天窗說亮話。

安排man's talk

交朋友沒有撇步，就是彼此真誠與珍惜而已，真該替兩人辦個開誠布公的man's talk。

我不能太著急，應該學習《那些年，我們都學著自己長大》的某些方法，讓他們找到最好的時機，在不經意中理解對方，也從錯誤的經驗中學會珍惜、學習成長。

「放學後，老師歡迎有興趣和我討論寒假書單的同學來找我……」我故意把眼神轉到他們身上。

放學時間一到，他們前後抵達我的辦公室。

只是，幾近水火不容的兩人一見面，有種狹路相逢的態勢，氣氛變得十分緊張詭譎。

「大家可以聊聊對青少年書單的看法嗎？」我問著。

「友情、愛情、夢想、讀書法……」小傑把頭別過去說。

「交友、生涯規劃、親情、心理……」小宇口氣更冷淡地說。

兩人的態度，讓幫忙的同學面面相覷起來。

你可以說說你喜歡他的原因嗎？

「書單的事，明天再討論好了？我想請小宇、小傑留下來，幫老師一點忙，其他同學解散。」我示意要同學先離開。

「你們曾經能一起談著夢想、一起K書、一起變成更好的人。過去，你們是志同道合的知己，曾和對方攜手前行走過美好的青春歲月。現在，為什麼就不再一起合作？好像變成一山不容二虎的緊張局面呢？」我難過地說著。

兩個人突然沉默下來，也不再說話了。

「你可以說說你喜歡他的原因嗎？」我認真地問小傑。

「和他在一起很快樂，他是個願意陪伴朋友走過痛苦，擁抱幸福的溫暖知己。只是，現在卻……」小傑話說到一半就停止了。

「他是我最相信的人，無論什麼時候，他都會陪我闖過難關。在我國三模擬考得很差的時候，他放棄一次補習的機會陪我去校園散心，還分享他的數學祕笈給我，甚至幫我做英語字卡。讓我可以考上丹鳳……」小宇心存感激地說。

「你們曾是令人欽羨的知己，現在為什麼會讓彼此的關係降到冰點？」我打破砂鍋問到底地說。

「小傑喜新厭舊，分組不再找我。還有把我的祕密告訴別人，是會讓人寒心的友情背叛者。」小宇憤怒地說。

「我沒有，分組的事是誤會。我把你名字寫在黑板，你沒有看到就跑到別組去填座號，我只好默默擦掉你的座號。還有，你的祕密不是我說出去的，你把聖誕卡片放錯到別人桌上，ＸＸ翻開內容告訴同學的。為了這件事，我還罵過他……現在，我還沒和他說過話……學妹也因這件事不諒解我，最近都躲我，我也很悶……」小傑難過地解釋著。

小傑說完，小宇的臉部線條柔和起來了，欲言又止，似乎想說什麼。

雨過天晴的友誼

「你們從十三歲認識至今，經歷過許多生命的喜怒哀樂，能走到現在，綜合著『家人』、『知己』、『超級好朋友』三者身分，不容易呀！千萬別為了面子，失去能肩並肩真情相待的朋友；千萬別因為誤會，忘記他曾理解過你的過去，支持過你的未來，包容過你的現在，你們都是彼此的生命貴人。」我溫柔地說著，也把《謝謝你知道我愛你》這本書拿給他們。

小傑豪氣地抱了小宇，一手拿著書，一手狠狠地在他肩上搥了好多下。

「大男人扭扭捏捏的，像什麼？還要我先說，『對不起』……」小宇的話惹得小傑也快掉淚。

男孩間的誤會，原來是這樣化解的。

「對不起，對不起，對不起，我多說幾句賠給你……」

男孩們爽朗的笑聲在我耳際響起，望著他們，有種雨過天晴的喜悅，一如《人生不能沒有伴》中提醒我們，各種人際關係還是要回到信任與放心的氛圍，面對誤會才有機會重新開始。

老師，我想推薦黃子佼《我還在》給小傑閱讀。

老師，我想推薦小倉廣《接受不完美的勇氣》給小宇閱讀。

然後，推薦吳若權大哥的《重新，一個人》給老師閱讀。

孩子們彷彿已經學會用閱讀談情說愛，也會用推薦書的方式溫柔地告訴我，他們支持閱讀，友情萬歲。

怡慧主任推薦書

《跟任何人都可以聊得來——巧妙破冰、打進團體核心，想認識誰就認識誰》（萊拉．朗德絲／李茲）

《那些年，我們都學著自己長大》（艾莉／悅知）

《謝謝你知道我愛你——在關係中，面對愛，接受愛，學習愛，放下愛》（洪仲清／遠流）

《人生不能沒有伴——找回各種關係裡的安心感》（許皓宜／如何）

《我還在》（黃子佼／圓神）

《接受不完美的勇氣——阿德勒100句人生革命》（小倉廣／遠流）

《重新，一個人——擁有自由無畏的人生下半場》（吳若權／皇冠）

【能力9：關於溝通】

究竟要怎麼說，父母才聽得懂我們的話

「明明就怕事，又何必標榜自己是我們的心靈導師，看來也不過是空有虛名的假道學！」男孩說起話來，挑釁意味十足。

「老師，你可以打電話和我們的父母聊聊嗎？」孩子們拉著我的衣袖，撒嬌地說。

「怎麼了？你們和父母的相處一向都挺好呀！」我望著這群品學兼優的孩子們，真猜不透他們和父母之間，有什麼無法溝通的事。

處理孩子和父母間的衝突

「最近為了要一起去跨年的事，我們和父母都鬧得很不愉快……」女生有些氣憤地說。

「未滿十七歲的你們想和朋友或同學徹夜不歸去跨年，這對父母來說，的確是很大的擔心和震撼。如果是我，沒有好的理由，也會拒絕吧！」我真誠地說著。

「怎麼會？搭捷運去一〇一跨年，很安全呀！年輕人都這樣做……為什麼不相信我們可以？為什麼不答應我們，讓我們試一試？」男孩的說法挑起大家的情緒，圍攏的同學開始議論起來。

「所以，同學們認為別人要做的事，你們也會跟著做？不用評估？不必加以思辨？當大家都把作弊當成理所當然的事，你也認同？『當大家都要，你也要』這個邏輯對嗎？事有是非對錯，不能類比，更不能等同。面對問題，每個人都會有不同的抉擇和答案吧！」我把話說得很直接，也否決孩子興致勃勃的提案。

「衝突，有時候也是溝通的方式，只要態度是溫柔而堅定的，孩子們應該會慢慢理解。」我想起《蔡康永的說話之道》的內容，決定運用所學，試一試。

「老師應該不想和父母有直接的衝突，才故意找藉口搪塞我們吧！」女孩怯生生地說。

「明明就怕事，又何必標榜自己是我們的心靈導師，可以幫助我們解決所有問題，看來也不過是空有虛名的假道學！」男孩說起話來，果真挑釁意味十足。

「當我和大家意見不同時，你們放棄理性溝通，選用不理性的方式來對抗時，那不叫正義或勇敢，而是選擇以群體的壓力逼使他人接受你的見解、看法。其實，我可以很輕易說服你的父母，因為我的說服術還不錯……但是，你們這樣的態度，無法讓我真心誠意地想幫你們！」我依舊態度堅決地說。

「如果，老師可以說服父母讓我們去跨年，以後我們都聽老師的……」男孩爽快地給了承諾。

孩子斬釘截鐵的態度，也讓我也有了反思：原來，青少年把和好朋友一起去跨年當成生命中一件重要的成長儀式。或許，我可以透過這個事件，拉近他們和父母的關係，甚至可以和他們分享親情這個話題。

「我決定挑戰這個任務，不過，你們也得一言九鼎、遵守承諾。以後，我說什麼，請認真地當作一回事去處理……」我認真地說著。

「老師，我們想去跨年，只要你讓我們去，以後，一定、一定聽你的，萬事拜託了……」孩子們歡呼起來，好像我能使命必達似的。

把父母的心情說給孩子聽

後來，孩子們的父母的確很捧我的場，幾乎都同意他們去跨年。但是，父母答應的背後有更深的請託與企盼，等著我去完成。

「太神奇了，老師是許願樹。爸爸、媽媽竟然願意讓我們去跨年了，除了要求我們在兩點前一定得回家外，其他什麼都沒說。」跨年後的隔幾日，孩子們又擠進我的辦公室，開心地說著。

「這麼點小事，你們就如此感激老師。父母養你、育你、愛你、疼你十多年，你有常想起、念起這樣的恩惠嗎？」我端正臉色地說。

「還記得，小時候，你離不開父母的模樣嗎？還記得，你病了，誰在你床榻前，徹夜未眠？誰在佛前拈香祈福，只為你一生安穩、凡事順利？長大了，很多事可以自己完成、自己搞定，卻忽略了：守候在你身邊的父母，逐漸被你冷落，甚至視而不見。這樣的心路歷程，你可曾體會過？」我有些悲傷地望著他們說。

學生不再說話了，低下頭似乎在思考些什麼。

「如果可以，**別把父母放手的愛當成理所當然**。跨年回來，有誰帶一碗熱騰騰的湯食給父母？或是買一些滷味，陪父母再聊一下天？或是寫過一張卡片，祝福他們新年快樂、身體健康？」我的語氣更嚴肅了，孩子的頭垂得更低了。

我知道他們也深愛著自己的父母，只是，青春期的他們，急著和父母切割關係，想早早證明：自己已經獨立、長大。

「孩子們，任何形式都好，只要是真心誠意把父母放在心中，父母都會因一個小小的動作而感動莫名的。孩子們，父母也需要你們溫柔的話語鼓勵他們，撫慰他們在職場所受的挫折；他們也需要你們溫暖的擁抱，溫燙他們對世態炎涼、人情淡薄的失落。好孩子們，你們是不是可以把心裡曾留給父母的位置，重新空出來……」

女孩們眼眶漸紅

「龍應台在《孩子你慢慢來》中提到，我願意等上一輩子的時間，讓他從從容容地把這個蝴蝶結紮好，用他五歲的手指。到了《親愛的安德烈》，她用三十六封家書，與兒子聊年齡、國籍、文化、價值觀，讓我們感受到一位母親對教養的溫柔與堅持。直至《目送》銘刻父親的逝、母親的老、人生的離散，寫出『你站立在小路的這一端，看著他逐漸消失在小路轉彎的地方，而且，他用背影默默告訴你：不必追。』」

「你終於讀懂了自己的父母是用何種心腸愛著自己，這些文字讓我一人蹲坐在書店的一隅，哭到不能自已。原來，要忍住對孩子的愛，把深藏在心底的眷戀擱下，放手不再牽絆他，這是多麼不容易的抉擇。」一說完這些話，我把放親情類的書櫃打開。

幾個女孩聽著聽著，眼眶都紅了，男孩們也蹙眉沉默。

孩子的心仍是柔軟多情的，有些話得在適當的時機，由第三者客觀地點出。

「你們有想過，跨年那晚，父母從你們離家一直等到你回家的那一刻，這樣的等待有多忐忑、有多不安，你們以為自己的父母要做到：『我慢慢地、慢慢地瞭解到，所謂父女母子一場，只不過意味著，你和他的緣分就是今生今世不斷地在目送他的背影漸行漸遠。』這樣的豁達容易嗎？從簡媜的《紅嬰仔》，你才能體會，為人父母後，方知父母恩；從蔡淇華的《寫給年輕》，才知道父母對孩子的愛，是隨時隨地都存在的；從陳芳明的《時間長巷》，真正感受到父母含蓄深蘊的愛有多動人；從盧蘇偉《陪你去環島》體會到現代父親在教養上有許多與時俱進的轉變與創意。孩子們，你們永遠是父母看得比自己的生命更重要的人呀！」

當我一口氣哽咽地說完，孩子們恭謹地向我敬了禮，也慢慢地從書櫃中找到自己喜愛的書籍離開。

我私心地期望，**當他們想對父母說愛、談情時，可以從文字中找到適合自己的方式，與之對話**。

甚至，在未來他們若能用文字記錄親人間的點滴情事，一如吳念真《多桑》、張大春《聆聽父親》那樣溫煦的文字，讓更多人體會閱讀讓我們的愛都能說出口，也讓親人間細密綿長的愛，世代傳承，永不停歇。

怡慧主任推薦書

《親愛的安德烈》（龍應台／印刻）
《孩子你慢慢來》（龍應台／印刻）
《紅嬰仔——一個女人與她的育嬰史》（簡媜／聯合文學）
《時間長巷》（陳芳明／聯合文學）
《寫給年輕——野百合父親寫給太陽花女兒的40封信》（蔡淇華／四也）
《多桑》（吳念真／大辣）

【能力10：關於外表】

閱讀讓我變美？變白？變瘦？又變帥？

當我請孩子們寫下自己外表的優、缺點時，有位體型豐潤的女孩舉手說：「老師，我覺得自己的外表沒有優點，可以不寫嗎？」

「老師，我可以問你一個問題嗎？」女孩憂心忡忡地跑來找我。

「OK的！有什麼地方可以為你服務的？」我故意把話說得輕鬆，希望氣氛活絡些。

變美座談會

「最近，我一直長痘痘，你看……」女孩把額頭的瀏海撩起。

「我以前也遇過同樣的事，所以，會有點自卑……」我摸摸自己的額頭說。

「可是老師現在的皮膚很光滑，難道……有整過形？」女孩欲言又止後，還是摀著嘴笑著說。

「當年可沒有微整形的診所，不要懷疑我的自然美！」我故作嚴肅地說，女孩也笑了。

「好了，言歸正傳，你先保持臉部清潔，記得別再留瀏海，頭髮是有油垢的，然後，這間皮膚科醫生很專業，快去治療一下……別吃油炸、早點睡！先保住你的面子問題，不過，內心的自信，還是要靠閱讀建立……」我說著說著還是轉到閱讀的話題來。

「老師，其實，我們有一群人都還滿想和你聊變美的話題，因為他們說，老師愈老愈年輕、漂亮，我們想知道祕訣是為什麼。」女孩刻意恭維我，淘氣地說。

「其實，變帥、變漂亮這個話題，我還滿想找人聊的，幫我找些志同道合的愛面族，一起聊聊天，好不好？」

女孩聽了喜出望外，很認真地點著頭說：「老師，是變美座談會，千萬不要變成讀書會喔……」

寫下自己外表的優、缺點

女孩的焦慮，女孩的心事，我也曾經歷過，青少年都很在意外表，也在乎別人對自己容貌的評價。希望這次的聊天會能澄清和外表有關的迷思，真正幫助他們度過外貌這一關。

那天孩子一放學就跑到辦公室來，幾近爆滿的人擠進整個小小的沙發區。

「現在給大家一張小紙條，請寫下對自己外表的優點三項，缺點三項……」我把紙條和彩筆遞給他們。

學生面面相覷，有個體型豐潤的女孩舉手說：「老師，我覺得自己的外表沒有優點，可以不寫嗎？」

「你的眼睛比老師明亮澄澈；皮膚比老師緊實Q彈；手指比老師靈活修長；頭髮比老師烏黑亮麗……我隨便都能舉超過三項！按照我說的直接寫下去吧！」我望向她，信心滿滿地說著。

女孩驚訝地拿起書包中的鏡子看了自己好幾眼，好像滿意地笑了。

「老師，你應該找不到我在外表上的優點吧！」一名瘦小、臉色蒼白的男孩輕聲地說。

我認真打量他說：「皮膚白皙、氣質優雅的你猶如魏晉文士走到現代，帶給我們一份文青的氣質；說話聲音特別好聽的你，猶如和煦春風，真讓大家覺得溫暖；一顆善良又純真的心，永遠包容同學的錯誤，從未苛責他人的溫柔，這是任何外表優勢比不上的迷人特質，你的缺點就是優點太多……」

當我說完，男孩的眼神突然出現一種士為知己者死的親近眸光。

用心當孩子們的鏡子

原來，孩子從不知道自己在別人心目中的形象有多完美，感覺有多美好。**我們必須用心地當孩子的鏡子，透過我們細膩的觀察，溫婉地告訴他們：自己有多獨一無二**，每一個面容都是上天賜予他們最美麗的禮物，也是父母向上天求來的無雙珍寶。

「老師，今天不是變美座談會嗎？你的話題好像沒有聚焦耶！」女孩有些犀利地挑戰了我。

「如果，可以在一夕之間，變白、變瘦、變高、變美，誰不願意？但是，變白、變瘦、變高、變美，卻不是原來那個我們認識的你，真的好嗎？還有，長期染髮會致癌，任何大小的整形都會有風險，而且會花很多的錢……你們有考慮投資報酬率嗎？一張不像自己的臉，即使完美無瑕，真的能成為你此生的標誌嗎？」我的話讓孩子們陷入沉默而沉思。

「一本書兩百元，大家嫌貴；一片面膜兩百元，大家卻趨之若鶩。這樣的價值觀你們認同嗎？人會慢慢變老，是自然而然的事。許多智者，老得很有智慧、很有內涵，不用整形，不用刻意裝年輕，都散發出迷人的特質。除非，你的外表已經影響到自己的人際關係，否則，我們可以用這張與眾不同的臉，代表著自己的style。」

「《療癒廚房》教你養生飲膳，可以變美麗；《一休陪你一起愛瘦身》教你運動的好處，可變瘦身又健康；《靜坐的科學、醫學與心靈之旅》透過呼吸的練習，可以帶來寧靜的好心情；《料理科學》透過烹飪食物能讓自己變年輕、變漂亮，處於凍齡階段……」我滔滔不絕地說著，孩子認真地做著筆記，也翻著桌上的書籍讀著。

內在的美麗比外表重要

「如果，三年後，老師變老、變醜了，你們會嫌棄我嗎？」「如果，三十年後，老師變老、變醜了，你們會忘記我嗎？」我環視他們，認真地說。

「老師留在我們心中的樣子，就是此刻實在的感覺，不是你的外表。或許，外表能短暫吸引人的目光，卻不能永遠讓別人願意待在你身邊，成為你的知己好友。」女孩頓悟地說著。

「你們知道嗎？老師從小就是陪襯紅花的綠葉角色。不過，恩師願意賞識我的文筆；母親疼愛我的平凡無奇，在被愛與愛人的環境中成長，即便不耀眼，卻從沒放棄過要讓自己過得更好，所以內在的美麗比外表重要多了。」期待這份心境能流轉到孩子身上。

「所以，穿名牌，不如讓自己變成班上的名牌。斷骨增高的苦不用承受，拿破崙也不過一百五十幾公分，卻能帶領士兵成為歐洲英雄。整鼻、隆胸、抽脂更是白受罪，環肥燕瘦各有人喜歡與賞識。」男孩果真聰慧，像解語花讀出我的心事。

「你們願意多花點時間充實自己的內在嗎？讓無形散發的特質，溫暖身邊的人，讓自己的能力增強，照顧更多的人。美麗的心靈是千金難買的，也會是跟著大家一輩子的。這些會讓外表變漂亮的書，可以帶回去讀；像《告別玻璃心的十三件事》這類能讓內心變美好的書，也應該帶回去讀。選完書就散會囉！」

孩子們手捧著自己喜歡的書離開了。我也需要找回動手煮食的熱情，開始持續地運動，並用書籍妝點自己的內心，讓自己當個內外皆美的新時代女性！

怡慧主任推薦書

《一休陪你一起愛瘦身——5個燃脂動作，甩肉25公斤，線條再升級！》（李一休／如何）

《療癒廚房——我家的舒適食、常備菜、料理的基本與廚房裡的大小事》（暴躁兔女王／麥浩斯）

《靜坐的科學、醫學與心靈之旅——21世紀最實用的身心轉化指南》（楊定一、楊元寧／天下生活）

《料理科學——大廚說不出的美味祕密，150個最有趣的烹飪現象與原理》（羅伯特・沃克／采實）

《告別玻璃心的13件事——心智強者，不做這些事・強者養成的終極指南》（艾美・莫林／網路與書）

【能力11：關於親情】

滑世代疏離？如何讓孩子懂得父母柔軟心？

「為什麼大人只會叫我們看書，自己卻看電視、滑手機。」
孩子直接地大聲抱怨。

老師，我的孩子都不讀書，每天只會追星，讓我很擔心……
老師，我的孩子假日不是揪團逛街，就是看電視，怎麼辦？
老師，我的孩子常常嘟著一張臉，和他說話，一副不想搭理的樣子！

父母的憂心請託

望見父母憂心忡忡地、不知所措說話的模樣，就讓我無法袖手旁觀、置之不理：「我願意幫忙喔！你們可以告訴我孩子的資料，讓我找時間和他聊聊嗎？或許易子而教的效果會挺不錯的喔！」

當我說完，父母總是緊緊握住我的手心，那股傳入心扉的暖意總特別溫燙，讓我感受到，父母對孩子殷殷企盼是如此動人的深情呀！

「誰是怡慧老師？找我來要做什麼？」孩子們初來辦公室時，因為狐疑與困惑，臉色通常不太友善。

「沒事啦！老師只是聽說你特別熱心、有想法，希望你能接受我的採訪，讓研究案的結論能更接近青少年的想法，可以幫忙嗎？」我語調輕鬆地問。

「老師說一說我能幫什麼。」孩子臉色和緩，答話依然簡潔。

「我想用問卷簡單調查：你們平常喜歡從事什麼休閒活動，花多少時間閱讀、上網？喜歡的偶像類型？你要不要邀請好朋友一起來？讓老師的研究數據更準確！」

總覺得和青春期的孩子溝通，還是先得讓他們感覺到我們是友善的、可親的，揪團填問卷、送好禮的方式，或許能營造「沒事來哈啦」的氛圍，也會拉近師生間的距離。

準備小零食

「老師，我找幾個好朋友來了……」

「老師桌上好多小零食，看起來好好吃，我們可以偷吃幾塊嗎？」

孩子們看到食物時，垂涎三尺的可愛表情，讓我忍不住全都拆封：「老師辦公室除了課本、作業本外，還藏有許多好吃的小零食、餅乾，以後肚子餓了，都可以來找老師解饞。」

孩子一陣歡呼，還要我蓋手印，不能黃牛。然後，拿起餅乾，有些靦腆、有點開心地吃了起來。

「老師，你該不會只是想找大家來吃零食吧！別忘記你的研究案……」機靈又有義氣的孩子突然點醒了我。

「看來迷糊大師很需要你這個好助手呢，否則，研究案可能會從此石沉大海了！」我邊誇他，邊把問卷拿出來，請他們填寫。

讓學生寫出真心話

孩子很認真地把真心話寫下來，讓我歸納出幾個共識來：最崇拜的人幾乎是外表俊美、能歌善舞的年輕偶像；最喜歡的休閒活動大多是打球、逛街、打電動；好朋友的類型具備懂得我的心、了解我的個性、願意挺我之類的人格特質；父母、師長的形象看起來不太理想：不是古板就是嘮叨；不是暴躁就是冷漠。

最可怕的是，滑世代的孩子把時間留戀在虛擬世界中，幾乎不閱讀，更不會把零用錢拿出來買書。

最令我難過的是，我們的愛為什麼進不了滑世代孩子的心？我們的情為何無法傳達真正的關懷與善意？

「為什麼老師和父母在你們眼中都是反派人物呀？」我感慨地問著。

「老師，不要難過啦，你是例外。」孩子尷尬地回話。

「不是每個大人都願意聽我們把話說完，難道閉嘴的永遠是我們？」

「父母、老師說的話，自己也不一定做得到。叫我們看書，自己卻看電視、滑手機。」

「自己說話態度差、口氣壞，就說自己是用心良苦；我們態度差、口氣壞，卻是無藥可救，太奇怪了吧！」

「有時候，溝通是一種感覺。你尊重我，我當然樂意配合；你不尊重我，我也沒什麼好互動的。」

孩子話說得直率，口氣也有些火爆。看來親子間如何好好溝通這個話題，值得我們認真地聊聊。

家人間沒有無法和解的事

「你們有沒有想過，哪個父母一生下來就有當父母的天分？當父母和你們讀書都需要努力學習的，過程或許會出錯，表現也會不理想，但每個人都想要好好學習，不是嗎？你們需要被同理，父母難道就不需要孩子溫暖的支持嗎？試著想想，你們的阿公、阿嬤，誰不是用鐵的紀律來教導你的父母，但父母卻嘗試用愛的教育來對待你們。他們也很努力翻轉自己的生活經驗，用不同的方式來愛你們，只是，親愛的你們，給過父母熱情的掌聲或回饋嗎？你們和朋友可以同甘共苦，卻不願和父母溝通、交流。**噓寒問暖是愛，疾言厲色也是愛，不管你喜歡哪一種，都應該誠心地與父母溝通，讓父母有時間、有機會成為更好的父母**。」我語重心長地和他們分享著。

孩子的臉色漸漸柔和起來了，或許他們的內心深處曾思考過自己和父母的關係，該如何破冰、該如何加溫。

此時，應該是把書籍拿出來，請孩子回家閱讀的好時機了。

「同學們，愛真的要及時，親人間沒有不能和解的事！只有把愛化成行動，才能讓你和父母的生命更親近、有共鳴。

「老師桌上這些書，都很適合你們利用晨間時光，趁著燦陽正好，花個十分鐘來閱讀，不知道你們願意嗎？你們看哪本書順眼就拿去讀；看哪篇好看，就跳著看，閱讀不一定要從第一頁開始讀起喔！別忘了，如果餓了，就找老師品嘗些小零嘴；看完書後，再揪團找老師聊聊，好嗎？」

孩子幽默地拿起喜歡的書，和我揮手說：「期待再相會。」就一溜煙地跑走了。不知孩子能感受到我喜歡他們的念力嗎？可別因為我要他們晨讀，就從此消失不再出現……

學生來找老師聊書

「老師，我肚子餓了……」

「老師，我肚子也餓了……」

孩子們有默契地用「肚子餓了」的另類方式，來告訴我：「他們回來了。」看到孩子手上拿著書，嘴上喊著餓的俏皮模樣，就忍不住從冰箱拿出好吃的甜點。「最近才買的日本銅鑼燒，好吃又漂亮，一起分享吧！」

「老師，前幾天，媽媽看到我在翻讀龍應台《目送》，突然誇了我好幾句：

『你好厲害』之類的，眼神還很溫柔，讓我很吃驚。或許，媽媽真的滿關心我的，過去我有點誤會她了。」

「老師，我看完劉梓潔《父後七日》後，突然想寫紙條告訴爸爸，『謝謝您的照顧，有您這樣的父親很快樂。』沒想到，爸爸看完後，竟被我瞄到他的眼睛紅紅的！其實他也是很溫柔的人。」

「老師，張大春《聆聽父親》，故事情節很特別，認真讀起來，很有收穫。媽媽叫我看完，順便借她看。老師，應該會借媽媽吧？」

「老師，廖玉蕙編選的《親情故事集》，該不會是我們來之前就挑好的經典文選？姊姊說一般人不會看這類的文章，除非有高人指點……」孩子故意調侃我。

我既感動又感慨地說：「年輕時，我對父母說話常有忤逆；態度多有叛逆；反應也時而冷淡。黃春明《兒子的大玩偶》小說的片段，讓我的偏見與自我能從閱讀中消弭，體會父母含蓄卻愛子情深的心意。老師年歲漸長後，每次回老家，見到父母日漸佝僂的身影，不能隨侍在側的懊悔、難過、悲傷，更是難以言說。如今，能賴在父母身邊當一天小小孩，吃一頓父母親手做的古早料理，都是生命最奢侈的幸福了……」

窗外的晚風吹進熱鬧的辦公室裡。徐徐涼涼的氣息，陪襯著孩子天真爛漫的笑容，期待未來他們開始感知父母之情的溫暖；能同理父母的付出，用更溫柔的方式與家人互動情感。

小小的斗室承載著不同書籍的力量，讓許多人的感情回歸到樸實無華的世界流轉著，文字的馨香果真令人醺醉呀！

怡慧主任推薦書

《目送》（龍應台／印刻）

《父後七日》（劉梓潔／寶瓶）

《聆聽父親》（張大春／時報）

《晨讀10分鐘——親情故事集》（廖玉蕙編選／親子天下）

《兒子的大玩偶》（黃春明／聯合文學）

《碎琉璃》（王鼎鈞／爾雅）

【能力12：關於網路抹黑】

被抹黑，遭封鎖，除了忍耐，還能做什麼？

「老師，你可以讓亂po文的同學受到懲罰嗎？這是我最想要得到的結果。」孩子義憤填膺地問著。

「老師，他在FB抹黑我、封鎖我，讓我無法澄清、回應……」

「老師，他寫匿名信毀謗我，還裝作沒這件事，真讓我憤怒！」

當學生被網路的酸言酸語折騰得身心俱疲時，模樣不只令我難過，也讓我心痛。

虛擬世界的敵意，讓孩子對真實世界的人際關係產生不信任與恐懼。身為老師，當然不能教學生要以牙還牙，以眼還眼的方式來面對。畢竟，你來我往、相互指責的做法，不只無法解決問題，反而會讓事情愈變愈壞。

「老師知道你很難過，但千萬不要因為別人的一句話而一蹶不振。目前，先照顧自己受傷的心情。或許，過些時日，時間能沖淡痛楚，我們再來學習用寬容解決蜚短流長的問題。」孩子乖巧地點點頭，淚潸潸的模樣，著實令我難過。

先同理學生的心情

「老師，我知道要原諒他，但我真的很痛苦，也無法再忍耐了，我很想為自己據理力爭一次？」孩子的話，字字句句敲痛我的心扉。

「你認為老師目前可以幫你什麼？」我認真傾聽孩子的需求。

「老師，你可以讓亂po文的同學受到懲罰嗎？這是我最想要得到的結果。」孩子義憤填膺地問著。

「當然！孔子說過：己所不欲勿施於人。同理心不只要教導，也該讓自以為躲在暗處傷人，卻不用受罰的人得到一點教訓！」我語氣堅決地說。

「老師，你是認真的嗎？我們聯手對付他，會很過分嗎？」孩子語氣突然轉變地說著。

「你果真是個善良的孩子。老師覺得，大人過分的溺愛與放任是造成下一代只考慮自己感受，不管他人心情的幫兇！寬以律己、嚴以待人的做人標準，不是我要教給孩子的態度。」我再一次申明自己的立場。

「老師，聽你這麼說，我心情好多了。我還以為你會叫我忍耐……」孩子有些釋懷地說。

「我們不是要對付任何人，而是讓他知道，這樣做是不對的，不可以在網路隨便發文，也不能用任何形式傷害別人，這是要受法律與道德的規範。匿名留言也是會受到社會的制裁、良心的譴責的。**我們不用報復的手段，但也不該姑息！**老師還是希望你先調整好自己的心情，讓我放心，好嗎？」我拍拍學生的肩膀，替他打氣。

從書中找到處理方法

整個晚上，陷入一種焦慮，開始輾轉難眠。一方面為孩子的痛苦而煎熬；一方面也為自己找不到好方法而煩惱著。

起身閱讀吧！看能不能找到靈感或好方法可以解套。

晨光初透，我在《溫柔的心，強大的力量》中，找到德國人的問候語為何是

「所有的事都在秩序中嗎？」的真正意義了，也決心要讓孩子們回到一個有秩序的課室環境學習。《今日公休》的觸發，也讓我想到讓學生知道自己犯錯了，又不傷害到他自尊心的方式。

闔上書，我明白了愛與閱讀是可以改變生命困境的美好途徑。

「今天下課，請叫到名字的同學到我辦公室一趟！」我故弄玄虛地說著。

被點名的同學個個面面相覷。尤其，網路留言者與受害者的臉色都很凝重。

學生一起討論，如何解決網路霸凌

「老師，我們來了！」男孩熱情地打招呼。

「先吃點心吧！最近，老師看到許多網路匿名留言，卻造成他人受害的憾事，不知道你們有注意到這類新聞嗎？」我不經意望向那名網路發文的學生。

「老師擔心我們班也會有人無心犯這樣的錯，因此，找最有正義感的大家，一起來想辦法，如何解決網路霸凌的亂象……」我語帶憂愁地說。

「其實，大家都是留好玩的，情緒一來就亂po。po完若覺得不妥，也會馬上刪文，這應該沒什麼吧！」狀況外的男孩，天真地說著。

「可是其他人都看到了，再刪除有什麼用。況且，很多內容又不是真實的，只是個人的偏見和立場，憑什麼可以不受規範就亂po出來。有考慮過當事者的心情嗎？」有正義感的女孩說話了。

「那只是情緒抒發而已，不用太認真啦！笑笑就過去了……」po文的男孩輕描淡寫地說。

「所以，你願意被躲在暗處的人隨意po文批評，只要他願意刪文，你也覺得ok……等一下，我就去po你的負面消息，看你是不是真的覺得沒什麼！」女孩義正詞嚴地反駁著。

「ㄟ，我的意思是平常心看待，你不用馬上實驗在我身上吧！」po文的男孩擔心地回答著。

兩人的針鋒相對，讓在場的同學頓時陷入一種訝然、沉默的氛圍，**同儕的論辯，讓同學開始去省思網路倫理的界線**。

網路po文，必須考慮他人感受

「你們習慣在網路社群和同儕溝通、對話、分享、聯絡情感。意氣用事的發文，會讓一念之間的快意，釀成難以彌補的悲劇喔！」我平靜地告訴他們。

「負面的網路留言真的不用太在意！我們應該先堅強自己的意志吧！一點壓力

都承受不住，也太脆弱了吧！」留言的男孩悻悻然地說。

「網路是公開平台，po文者要先考慮自己的言論是否會對別人造成困擾？內容是否公允？而不是呼籲網友遇到謠言中傷時要堅強。用誇張的言語、不實的文字來貶低別人，這樣做是很差勁的行為。**溝通是理性互動，而不是單方面的我喜歡、我快樂，就要別人包容、買單……**」我語帶嚴肅地說。

「網路發言應該要隱惡揚善，多分享社會溫情，多誇獎身邊的人，這才能展現網路無遠弗屆的善意，也會形成愈來愈好的社會價值。」女孩接著說。

「言論自由不該帶給他人困擾和煩惱。當一群人聚在網路上道人是非，無的放矢地批評別人時，難道不會心虛？自責？慚愧嗎？很多事不是你認為對，它就該是對的，真理不是『我覺得』，而是一個大家都認同的想法……你們未來絕對是社會最溫暖善良的清流，絕不能亂發情緒文，也不要轉發無憑無據的文章，懂嗎？」我說完後，孩子們都抿著嘴思考著。

po文的男孩認真地點頭，彷彿在反省如何解決自己平時犯下的滔天大禍。

「介紹這本很酷的書，《沒被抓到也算作弊嗎？》給大家閱讀。這本書有提到很多學校沒教的品格力，作弊沒被抓到，難道就沒有違反考試秩序嗎？散布謠言中傷他人，即使沒被發現，難道會心安理得嗎？一個沒有署名的消息，我們怎能相信，又以訛傳訛呢？」我望向所有的孩子。

給犯錯的人機會

「報復雖然是最不好的方式，但也不能利用別人的良善與慈悲不斷傷害他人。沒有一個人可以在傷害別人後，還能獲得幸福的……」我用叮囑的語氣說著。

「**每個人難免會犯錯，只要有勇氣認錯，真心去彌補過失，你一樣值得被喜歡**。就像《拋開過去，做你喜歡的自己》這本書告訴我們：有勇氣去嘗試，願意改變自己，就能找到心嚮往之的生活。」我看著po文的學生說著。

「願意改變認錯，別人就會原諒，是嗎？」男孩抬起頭，怯懦地說著。

「當然！我們班都是溫柔而善良的孩子，即使吃虧了，一定不會放在心上；即使受委屈了，也願意選擇原諒別人，但學著保護自己，傾聽自己內在的聲音。記住，我們沒有權利傷害別人，也不能剝奪他人擁有幸福的權利——這是做人的基本原則！」我認真地說著。

「我茅塞頓開了。正義不是自己認為對的事就是正義，很多事不是我快樂，別人就會覺得快樂……生活的確有不美好的地方，但是，愛與善良會讓我們變得更好，是嗎？」愁容滿面的孩子終於說話了。

「保持熱情、願意學習，為自己的人生找到目標，並負起責任，讓更多人因為我們而幸福，就是我們聚在這裡聊書的初衷，不是嗎？」我堅定地說著。

「我還以為我們聚在這裡的目的是一起共享美食……」男孩一說完，就看見大家笑岔了氣的模樣。

男孩事後據說寫了封道歉信給同學。孩子們或許已經懂得網路留言的分寸，面對謠言，也有智慧去判斷個中是非曲直了。最重要的是，孩子也開始從一本本的好書中學到，「慈悲沒有敵人」這句話的具體實踐了！

怡慧主任推薦書

《溫柔的心，強大的力量——德國人的日常思考》（鄭華娟／圓神）

《今日公休——90歲書店老闆的生命情書》（坂本健一／太雅）

《沒被抓到也算作弊嗎？——學校沒有教的33則品格練習題》（布魯斯．韋恩斯坦／漫遊者）

《拋開過去，做你喜歡的自己——阿德勒的「勇氣」心理學》（岸見一郎／方舟）

《求真——臺大最受歡迎的哲學公開課》（苑舉正／究竟）

【能力13：關於人際關係】

我很想交朋友，但為什麼每次都被傷害？

我話還沒說完，女孩就簌簌地哭了起來。

「對不起，老師是不是說錯了什麼？」我擔心地問著。

月考完，學生們正熱烈地討論著下週春假活動的安排。男孩突然提到國中的同學會、國小同學會是自己引頸企盼的活動之一。

當他轉過身問起和他國小同班、國中同班、高中也同班的女孩要不要參加時，女孩臉色冷峻、緊閉雙唇，漠然地不發一語。

我察覺到同學會這個話題，為何會引起孩子兩極化的反應？如果依照自己的成長經驗來判斷，喜歡的孩子應該是開心能重溫過往的記憶，找回讓他魂牽夢縈的人事或景物吧！不喜歡的孩子，應該是排斥再次想起過去的點滴，也意味著過去是一段不堪回首的往事。

女孩的臉色愀然喪氣，令人心疼；離開班級的身影頹然狼狽，令人心酸。

我忍不住追上她，也喚住了她。

說中女孩的心事

「嗨！你還好嗎？你不喜歡參加同學會？」我試探地問著。

「不喜歡！」女孩回答的語氣堅決，有種不容我反駁的氣勢。

「老師知道了。只是，生命很難能讓某個階段被遺忘或缺席。即使它是你不喜歡憶起的，歲月所歷經的酸甜苦辣、緣起緣滅都是我們生命的一部分。過去傷害你的人，時空更迭後，他或許渴望有個能和你重逢相聚的機會，有個和解的可能，釋懷的空間。老師希望……」我話還沒說完，女孩就簌簌地哭了起來。

「對不起，老師是不是說錯了什麼？」我擔心地問著。

「沒有，老師戳中我的死穴了。坦白說，每一次學習的新階段，我都試圖要打開心房，找到一個可以和自己天寬地闊聊天的好朋友。常常以為找到了而歡欣鼓舞，但最後的下場都是落得被欺瞞、被遺棄。」女孩的話語傳來心碎的悲傷，讓我忍不住也籠罩在那股低氣壓中。

「我知道，過去的傷害造成你很大的陰影。但是，你要選擇和過去有個平靜的和解？還是想在友情的世界中繼續扮演著缺席逃兵的角色？」我加重語氣地試圖要她去思索解決之道。

「老師人緣好，應該不會像我有過這樣的痛苦經驗，你想幫也幫不上吧。」女孩這句話聽來有些讓人沮喪。

每個人都有「不被喜歡」的經驗

「像孔子這樣的聖人，也會有被人詆毀、背棄、嘲弄的生命經驗，更何況是渺小平凡的老師。我也曾有過被身邊的人討厭、誤解、排擠的情緒。每個人的生命都會出現這種不被喜歡的難關與課題。如果，你願意相信我，可不可以找時間，閱讀一下《田村先生還沒來》這本書，好嗎？」我再次試探地問著。

女孩的臉色看來有些抗拒，但書名和她的心境彷彿是吻合的。因此，她說：

「老師，我不太喜歡閱讀，尤其是字很多的小說，我擔心自己會讀不下去。」女孩拒絕了我。

我拍拍她的肩膀，開始和她分享有趣的書訊：「這本小說的背景是深夜的札幌，在一家CIAO的酒吧，五人男女正要舉辦久違的小學同學會。小說的五個章節分別是五名中年男女對曩昔時光的回顧。每一個主角酸中有甜、甜中有苦的生命回憶，都十分動人。如果，你讀不下去時，可以先選一個篇章讀就好。不過，這本書帶給我的感動是：年紀愈長，愈能沉澱、醞釀而出一種豁達的情懷，面對無常的逆襲，反而能重新解構對美好人生的想像。」

女孩順從地點了點頭，把書放進補習袋中，用眼神告訴我，她會試著把它讀完，但不要抱持太大的希望。

女孩眼神發亮

假期過後，憂鬱星期一症候群在班級瀰漫開來，慌亂的節奏，讓每個人心情都有些陰鬱。沒想到，女孩在我準備回家的時刻和我在辦公室前不期而遇了。

「老師要回家了嗎？我是不是來得不是時候？」女孩有些歉然地說。

「沒事，今天心情有點悶悶的，所以想換個地點工作，繼續完成難纏的工作計畫。」我誠實地回答著。

「需要再和老師約個時間聊聊這本書嗎？還是……」內斂的女孩有些膽怯地問著。

「學校附近開了家新的咖啡館，你願意陪我去那裡聊書嗎？老師請你喝杯飲料，如何？」我靈機一動地問著。

「真的可以嗎？會不會耽誤老師回家吃飯的時間？」女孩依舊規矩地反問我。

「走吧，走吧！手牽手，一起去喝茶。」我幼稚地牽起她的手，往新的咖啡館走去。

「老師，這本書我很喜歡、很喜歡。謝謝你，為我找到這本很適合我的小說。」女孩說話的眼神閃亮亮的。

女孩明瞭，原來自己並不孤單

「你可以告訴我，你最喜歡的情節或篇章是哪一段？」我很欣喜地問著。

「我很喜歡他們五個人回想當時田川跟鈴木都一直拒絕上學這一段，我也曾經想過要逃學，只是我不知道要逃到哪裡去，只能很宿命地又走回學校，忍著快崩潰的情緒，日復一日。這些片段與情節，**讓我知道，每個人都會有遇到困難，不想面對，想逃避的心情。**」女孩把自己的生命經驗和故事做了自己新的詮釋。

「看完後，我找到幽暗內心的點點光亮，那個光是這本書把我拉進去的，我好像遇到被了解的奇蹟與恩典。我開始願意去回顧自己的人生，生命的長軌一直把我向前推移。小說的聚會情節，也讓我重新思索：目前的我是否正站在當年自己所描繪的燦爛未來之中？是否正過著自己想要的閃耀人生？因為我害怕讓別人看到我不是很成功的生活，所以我放棄和同學聚會，但是這樣做，看來似乎不太成熟。」女孩邊說邊笑著，讓我了解她的想法與蛻變。

「一本書對不同年紀的我們，帶來的光似乎不太一樣。不過，同樣拯救了正在徬徨的我們。我喜歡的情節是：被當成四十歲的人對待，其實很不好受啊！我是個拒絕長大的幼稚鬼，看到這一段很心有戚戚焉。四十歲對我而言，是一個可以重新戰鬥部署的起點，因為，我看到四十歲的自己，好像慢慢地失去了年輕的傻勁、青春的燦美、熱情的衝勁。有些負面能量的印記卻一直黏著你，怎樣都不能丟。」

「看完這本小說，我開始有一股來做個了斷的企圖心，我要豁達地接受人生的無常，卻仍然要對世界充滿好奇、歡喜，中年依然可以做夢、築夢，替生命抹上漂亮絢麗的色彩。因此，期待自己能奮力一躍、努力行旅，期待與幸福相遇的瞬間。」我以朋友的心情和女孩說著。

我真心地期待，女孩和我能透過一本書的共讀，跨越世代的鴻溝，找到對真善美價值的想像，相信文字能為我們解決生活困境，找到重新出發的力量。

女孩開始喜歡一本書

「老師，我是第一次知道這樣簡單的你。一直覺得老師很有能量，永遠都不會有低潮。原來，老師也是平凡、會有情緒的女生。**每個年紀好像都有一些被定位好的框架和束縛，我們的人生都不是簡單就能經營好的呀！**希望我也可以為生命設定一個新的起點，回溯過往，沒有遺憾，追尋未來，保持熱情。生命雖然摻雜許多複雜的滋味，但都值得被好好品嘗。」女孩心有靈犀地提出自己的想法，讓我有種被溫暖、被同理的感動。

「每個階段都有割捨與保留記憶的選擇，不必耽溺在過去的悲傷，也不必為現在的光榮歌頌，只要盡力過好每一天，開闊自己的視野，打開自己的心扉，讓更多美好的人事物，走進我們的生命，就是最棒的人生了。」我也在和孩子分享的流光中找到自己生命的方向，順利擺脫混沌的憂鬱星期一。

「老師，我也很喜歡作家對人際關係細膩微妙的情節描寫，有一種穿透到人物本質的真實感動，閱讀時，有時候覺得難過，有時候會覺得溫暖。淡淡的筆觸，反而很能攫住我閱讀的興趣。所以，謝謝老師幫我選一本屬於我的書，讓我知道我也可以閱讀。還有，春假的國小同學會、國中同學會，我都要參加，我不想再成為班上還沒來的田村，我要和同學聊聊我的故事⋯⋯」女孩獨到又感性地分享著，眼神堅定又溫柔。

我們在咖啡館踩著夕陽的餘暉道別了，漫步回家時，才發現自己年歲漸長後，有些問題在自己的生命出現盤旋時，某些書名會突然浮現在腦海中，召喚著我可以翻開它們與作家來段侃侃而談的閱讀對話。

如今，《田村先生還沒來》這本書不只解決了自己工作落寞的情緒，也讓我的學生開始喜歡閱讀一本書。

《田村先生還沒來》讓不同世代的我們因為文字而找到彼此信任，願意分享生活的連結，作者試圖用他的作品，讓我們師生在看盡各式各樣的人生風景後，願意為自己選擇一片人生風景來。

女孩道別時對我綻放的甜美微笑，就是身為師者此生最美麗的人生風景吧！

怡慧主任推薦書

《田村先生還沒來》（朝倉可斯蜜／麥田）

《嫌疑犯X的獻身》（東野圭吾／獨步）

《生命中的美好缺憾》（約翰・葛林／尖端）

《學校不敢教的小說》（朱宥勳／寶瓶）

《等一個人咖啡》（九把刀／春天）

【能力14：關於表達】他們為什麼不理我？因為我說錯話嗎？

「老師也曾經在說話這件事上犯過錯喔！你想聽聽看我說錯話的糗事嗎？」

我故意壓低音量，逗趣地說著。

明明是個氣質出眾的甜姐兒，為什麼班上同學都不願意和她說話呢？

明明是班上成績最優，學習最強的孩子，為什麼沒有人想和他同一組呢？

明明急公好義、熱心助人，為什麼大家都紛紛拒絕他伸出援手的義氣呢？

孩子們普遍的人際困擾

滑世代的孩子大多生活在富裕幸福的生活中，普遍也沒歷練過什麼痛徹心扉的苦。個個都是父母眼中出類拔萃的龍鳳之才、未來棟梁。

但是，最困擾孩子們的，不是物質生活的匱乏，常常是在同儕互動上卡關。人際關係中愛恨情仇的關係圖，有時複雜如藍色蜘蛛網，讓我聽得一頭霧水。每每聽完故事，還得花一段時間，猶如包公判案來抽絲剝繭，才明白個中蹊蹺及孩子間互動的問題所在。

原來，**許多孩子被同儕排斥的原因大都出在說話方式。「做自己」和「沒分寸」常是一線之隔，幽默感和沒禮貌亦是討人喜歡，或討人厭惡的關鍵。**

俗語說：「良言一句三冬暖；惡語傷人六月寒。」我也觀察到，孩子習慣把什麼話掛在嘴邊，久而久之，孩子就變成那一類型的人，果真印證了You are what you say。

因此，沉魚落雁、閉月羞花的女孩，說話永遠考慮自己的喜怒哀樂，說起話來就容易以自我為中心，再加上頤指氣使的口吻，時間一久，朋友也就漸行漸遠。

一個班上成績最優、能力最好的學生，永遠用自己想得比較快、背得比較多的天賦，來突顯別人想得慢、讀得少的差距。因此沒有人想站在他身邊，永遠當個綠葉，陪襯他的聰穎與才氣！

看起來熱心助人的孩子，卻總是用自己的立場與角度去關心別人，往往他給予的，不是別人需要的；別人需要的，卻無法真正做到位。這樣的熱心反而常常變成別人的負擔，更多時候，也落得吃力不討好的下場。

輕輕圈住女孩的肩膀

那天，這三個可愛的孩子竟然一起出現在我身邊。女孩還輕輕拍了我一下肩頭：「老師，你可以幫幫我們嗎？我們都有些煩惱……」女孩欲言又止，眼神有些愁苦。

「如果，你們願意說，我很願意聽。或許，短時間老師不能給你們最好的建議，但我會是個很好的聽眾。你們願意和老師一起分享藏在心中的祕密嗎？」女孩或許承受著許久的壓力，放聲地哭了起來。

我輕輕地圈住她的肩膀，希望她能感受到從臂膀竄出的一點點溫暖，舒緩一些悲傷的情緒。

「從小，我就長得引人注目，不用樹敵，自有人會閒言閒語。天生個性本就大剌剌的，開心寫在臉上，傷心也寫在臉上，這樣別人也要有意見，說我是公主病。

這不是故意找我碴嗎？」

「率真自得的性情，本來是你的優勢。壞就壞在，如果是過分的我行我素，不把別人的喜怒哀樂放在心上，就容易被冠上不合群的大帽子，所以我們來想想辦法，如何逆轉勝？把優勢放大，讓大家能看見你的善解人意、你的單純天真！」我鼓勵著她，也希望她能看到自己的問題。

「這個世界是不是存在著謊言和虛偽？是不是每個人說話都要包裝、修飾，難道不能直截了當？明明不喜歡，還要裝得很喜歡，這樣不是很假嗎？」成績特好的男孩說著說著，也有些氣憤起來了。

反問孩子：「為什麼？」

「以前，老師有個學生人緣真的很好，人氣更是超級旺。我曾觀察過他：沒有長得很帥呀！也沒有多才多藝呀！到底是什麼原因，讓他如此受歡迎？原來是，他善於傾聽，也善於同理他人。」我試著用別人的例子來打開孩子的心結。

「老師可以再分享一些實例嗎？」熱心的男孩開始有興趣地問著。

「他永遠把話說得謹慎有道理，也把話說得讓人不得不點頭讚許。例如，班上有個女同學長得圓滾滾的，反應常慢半拍。分組競賽時，同學都不太喜歡和她分在同一組。男孩每次都刻意幫女孩留個位置，不讓她落單，也鼓勵她能多參與班級活動、多些正面發言，爭取班級榮譽，他試著讓大家看見她的優點。」

「有些頑皮的男同學也會起鬨，故意嘲笑他是不是特別喜歡這類楊貴妃型的女生？那男孩總是面帶微笑，靜靜地傾聽著，很少動氣，用沉默的方式來讓揶揄的同學們有些懼怕，加上雍容大度、不置可否的態度，也讓那些同學最後自覺無趣，不再拿這件事開玩笑。」

「你們覺得這個男孩做對什麼，讓他可以創造幫人助己的雙贏局面？」孩子們聽完，臉色開始有些轉變，從憂愁莫名到豁然開朗。

「老師是希望我們先反省自己說話的態度，把話說得有品有禮，才能贏回友誼嗎？」

「不一定要在對話中贏得勝利。表面上的贏，常常都是輸？」

「或是多些傾聽同學說話的時間，多些同理朋友心情的時間，不要永遠站在自己的立場說話、做事？」

「老師是希望我要多看同學的優點，多幫忙同學找到自信與亮點，沒有人想當負面情緒的垃圾桶，是嗎？」

孩子們果真是聰慧又靈巧，不只一點就通，還能舉一反三呢！

老師從分享自己的經驗來切入

「看到你們都那麼善於分享自己的故事，我也來貢獻一個小祕密吧！老師也曾經在說話這件事上犯過錯喔，你們想聽聽看我說錯話的糗事嗎？」我故意壓低音量，逗趣地說著。

孩子們相視而笑後，眼睛突然發亮了：「老師，你快說、快說，我們想聽……」

記得那是一次氣氛很愉快的同學會，聊著聊著，身旁的閨蜜起身去拿餐具，眼光遙望到閨蜜的身形，真的是變胖好多喔！

正當我正狐疑她為什麼變胖的剎那，她竟坐回我身邊，很小心地問我：「怡慧，你覺得我過完年後，有變得比較胖嗎？」

直率的我，當然義正詞嚴地說：「不是比較胖，是胖很多耶！你怎麼一夕暴肥？發生什麼事了啦？」

好朋友臉色開始陰鬱，眼睛竟含著淚水，轉過身後，就不再和我說話。

當時的我，一方面不知所措，一方面心裡忍不住也生氣起來，明明是她問我：「是不是胖了？是不是該減肥了？我的回答到底出了什麼問題？」

孩子們聽完後，竟然哄堂大笑了起來。

男孩笑到都岔氣地說：「老師，你是女生耶！怎麼會犯了女生的大忌，再怎樣，就是不能說女生變胖。這樣的回話是自找死路呀！」

讓孩子們討論如何解決

「是吧！你都知道我是自討苦吃，當時我卻執迷不悟呢！如果不是閨蜜大人有大量，現在我們的友誼可能會回不去了……你們覺得老師該如何說，才能說到閨蜜的心坎裡，不只能打動她的心，讓她知道自己胖了，又能達到溝通情誼的效果呢？」我真誠地問著他們的意見。

熱心的男孩首先舉手發言：「應該從朋友最近的生活聊起，再問她是不是有心事？貼心地關懷她是不是有什麼煩心的？平常心情不好，是不是和自己一樣會用吃來解悶？找出她暴肥的原因，再同理她的心情，最後再幫她減肥。身為好朋友應該讓她學會均衡飲食，固定運動，找回健康與自信。至於如何說得好、說得妙，如何正面？如何sweet？應該都要在說話前先思考一下吧！不過，這點我也都沒做到，哈哈！下次改進……」

聽完，我真的有種孺子可教的欣慰心情，忍不住說：「你們都太棒了，短短時間就學會：**關心遠比告訴朋友實話更重要；陪伴遠比告訴朋友方法更實際**。說好話不是練習油腔滑調、華而不實的說話技巧，而是換句話說，換個方式說，讓別人有種被你放在心坎上的感覺，這樣的溝通就容易讓人打開心門和我們暢所欲言了。」

孩子燃起閱讀的行動力

「老師，我剛剛看到你書櫃中有幾本和說話相關的書籍耶！可以借給我們回家閱讀嗎？戴晨志《幽默，讓你更亮眼》、《蔡康永的說話之道》、林慶昭《機智說話高手》、謝震武《說出好人緣》……好像都很不錯！」孩子好像發現新大陸似的，開心地問起我來。

「你們知道嗎？老師買了那麼多說話技巧的書，突然也頓悟出幾個道理，即使滿腹經綸，但沒有好的口才來授課，也會讓學生聽得昏昏欲睡、不知所云呢！即使滿腔熱血，沒有好的口才來凝聚共識，也會讓這份理想灰飛煙滅、不再溫燙。但是，好的說話之道，也要有一顆赤誠的心、誠懇的情來潤飾，否則，很難做到說好話、做好事、做好人的成果喔！」

孩子帶著幾本說話之道的祕笈，開心地離開了。

希望書中的道理能讓滑世代的孩子，學會用正確的說話方式贏回友情、贏回快樂、贏回自信，不再在說話這件事上跌跤了。

怡慧主任推薦書

- 《幽默，讓你更亮眼》（戴晨志／核心）
- 《蔡康永的說話之道1、2》（蔡康永／如何）
- 《機智說話高手》（林慶昭／哈林）
- 《說出好人緣》（謝震武／春光）
- 《話說不好，忙到死也不討好》（王介安／尖端）

【能力15：關於公平】

眼見真為憑？難解的學生公平問題

有個孩子說：「是東野圭吾的新小說嗎？我是他的鐵粉，這本書先借我看囉！」孩子沒等我點頭答應，就把書放進自己的袋子中。

「不公平，為什麼他打瞌睡沒事，我轉個身卻被碎念了？」
「不合理，為什麼她沒寫作業可以補寫，我沒帶，卻要罰抄？」
「不甘心，明明是他先撞我才跌倒的，為什麼我要向他道歉？」

青春期的孩子著實計較著日常生活瑣事的公平性、合理性。雖能將心比心，盡量在事情的處理上符合對等公正的裁決，但孩子過分地斤斤計較，鑽著牛角尖的態度，讓師生關係也瀰漫著些微緊張的煙硝味。

難道寬以待人、嚴以律己的道理是拿來背誦的嗎？

難道孔子溫柔敦厚的師訓是用來應付考試的嗎？

「老師，你知道嗎？他說一套做一套，人緣卻好到爆，我真崇拜這種左右逢源的處世態度。」

「老師，你知道嗎？他永遠不用打掃，因為沒有人敢叫他做，我真羨慕這種有靠山的生活。」

他們是把善良的初心藏到哪個地方去了呢？

難道他們忘記自己心中還有一把正義的尺度，在衡量生活的準則嗎？

我的心底開始泛起疑惑與不安的漣漪，對他們日漸偏頗的行為也開始焦慮了起來。

最好的機會教育

當我興起「是不是該找個時間和他們聊一聊」的念頭時，幾個孩子咚咚咚地跑到我辦公室來看成績。

一個和自己比較親近的孩子隨手拿起我新買的小說《空洞的十字架》翻閱。看到孩子會主動翻覽書籍，讓我欣喜地以連珠炮的方式向他介紹起書籍來：「設計封面的人太有才了，竟然有創意到把十字架挖空，讓『虚ろな』呈現出空洞的意象，讀者也能從十字罅縫中，隱約猜出藍綠交織的扉頁或許是一片蓊鬱樹海……」

有個孩子聽完後，就大剌剌地把小說從同學手上搶走，眉飛色舞地說：「是東野圭吾的新小說嗎？封面超級漂亮的，我是他的鐵粉，這本書先借我看囉！」

孩子沒等我點頭答應，就把書放進自己的袋子中。

「你在挑戰老師借書的底線嗎？還沒經過我的同意，你怎麼就把書拿走了……」我嚴肅地問著。

「老師聽不懂我說的意思嗎？剛剛我有說喜歡這本書，要向你借書呀！」孩子臉色鐵青地解釋著。

「可是老師還沒答應你的要求，借書這件事應該還沒有共識吧！把書拿出來還我。」我平靜地說著自己的堅持。

「老師就是偏心，別的同學借書都說可以，今天換我借就拒絕……」孩子開始謬解我的話，邊還書，邊嘀咕起來了。

「你誤會老師了，坦白說，這本書才剛剛宅配到校而已呢！我連一頁都還沒翻閱過。如果我們都是東野圭吾的鐵粉，老師看完，一定馬上傳給你，閱讀熱騰騰的新作真的很暢快呀！」我耐著性子和孩子解釋我的想法。

「所以，老師還是會借給我這本東野圭吾的新書嗎？」孩子有些羞赧地問著。

「當然會，我最喜歡和學生分享好書了，謝謝你讓我有機會以閱傳愛，把好書傳出去。為了讓你早點讀到新書，我準備今晚熬夜苦讀，別笑我明天帶著熊貓眼來學校上課喔！」

孩子在我的冷笑話中靦腆地笑了，彷彿也體會到我的弦外之音。

孩子們令人拍案的深入觀點

隔日，有個別班的孩子突然跑到我面前問道：「老師，聽說你也在閱讀東野圭吾的新小說？有些內容可以中午或放學找您談談嗎？」

「呵呵！很開心你願意聽我說書，只是，有幾個鐵粉也在閱讀他的新作，可以陪我再等個幾天嗎？一起聊聊偶像的新書，可能會更有共鳴吧！」當我說完後，孩子的臉色有些為難。

或許，我的答案是個難題，也讓他正苦惱著呀！

沉默了一會兒，那孩子貼心地點了點頭說：「老師是擔心一個問題要解答很多次嗎？一起回答，應該比較輕鬆吧！」

「我只是希望同學能對彼此的問題，給予更多元、豐富的反饋而已。你不覺得我們在不同的時空，卻選擇同一本書來閱讀，這份默契與緣分，必須要找個良辰吉時來好好地對話、討論嗎？」我試著把自己的真心話和他分享。

孩子感染到這份眾閱樂的心情，甜甜地笑了，有些不好意思地說：「謝謝老師用心的安排，我也期待和大家聊書的時光能快點到來。」

那日，溫暖和煦的冬陽映照在孩子的臉龐、身上，十分美麗。坐在窗櫺邊，準備聊書的我們，置身在輕鬆自在的午後氛圍裡，有淡淡的幸福縈繞。

我試圖先拋出一個書中的想法，來引導孩子們思考：「殺人如果是唯一死刑，為什麼法官還要考慮犯人犯罪的動機，再做審判呢？難道犯同一種罪，不該一視同仁地判犯人死刑嗎？」

平日看起來很安靜的女孩，竟舉手發言：「之前，我或許也會覺得殺人償命是天經地義的事。但是看完東野圭吾的小說後，反而會思考：如果犯人沒有真心懺悔自己的過錯，判他死刑，反而讓他解脫了。他從頭到尾背負的只是一具空洞的十字架，對他沒有任何意義；但犯人若真心懺悔自己的罪，為什麼不給他一個機會，背負真正沉重的十字架，用贖罪的心活在世上，回饋這個社會？」

有個男孩聽完很不服氣地說：「你是反對死刑的存在嗎？你的論點聽起來好像在替犯人脫罪？」

上次來找我的孩子接著回話：「**對待犯錯的人，有比懲罰更好的方法嗎？真正能彌補受害者的，會不會是犯人真心的懺悔，和一顆贖罪的心？**」

另一個男孩接著辯駁說：「沒有比死刑更能告慰死去的人，這是活著的人，唯一能幫死去的親人爭取的公道。」

聽完他們精采的分享，不管他們的立場為何，一本小說讓孩子學會有邏輯地分析罪與罰之間的關係，也能站在自己的觀點上，勇敢地為想法背書。

眼睛看到的，不一定是真相

「親愛的孩子，你們說的都很有道理，但是為什麼同一本書讀完，大家對罪與罰的想像卻截然不同呢？人生很多的問題看起來好像沒有答案，但答案早就藏在每個人的心中了。這也是為什麼**很多價值觀與看法需要用更多元的角度去思考、判斷**。

「過去，你們曾計較過老師上課為什麼沒有處罰睡覺的同學，反而阻止你們轉身聊天的做法？事實是打瞌睡的同學在上課前告訴我，因為吃過感冒藥會產生嗜睡症狀，希望老師能諒解。如果你是老師，會同理他的身體狀況而不去苛責他，還是會同理在課堂轉身說話的同學？」

「站在自己的立場來看，老師的確偏心、對事情的仲裁不公平。但認真想想，眼睛看到的真相，有時候反而是假象，因為我們的心早就設定了立場與偏見呀！一如東野圭吾站在不同立場，去論辯罪與罰之間的關係，讓大家反而有更客觀的討論。」

男孩似乎領會了：「老師的意思是，即使我們無法在東野圭吾小說中找到罪與罰的共識，卻能體會：同理關懷比公平更重要；體諒相信比爭取利益更可貴。」

孩子有所頓悟，也有所反思，豁然開朗的模樣讓我們相視而笑，這份靈犀互通的美好，讓我也感動著。

閱讀一本書，可以為我們受困的生命提供正確的解答，讓我們很快找到安身立命、自在自適的天地。

或許，每個人對罪與罰的想像不一定相同，但東野圭吾透過這本書，似乎也告訴我們師生一個道理：**「愛」是罪與罰最好的解答**，也是讓我們走向良善世界最大的力量。

怡慧主任推薦書

《空洞的十字架》（東野圭吾／春天）
《告白》（湊佳苗／時報）
《移動迷宮三部曲》（詹姆士．達許納／三采）
《偷書賊》（馬格斯．朱薩克／木馬）
《飢餓遊戲三部曲》（蘇珊．柯林斯／大塊）

【能力16：關於夢想】

每天都過得渾渾噩噩，我還能有夢想嗎？

「升上高中後，我的學業表現大不如前，不只找不到讀書的意義，還愈來愈渾渾噩噩……」女孩眼泛淚光地說著。

「老師，你知道DFC嗎？」男孩突然沒頭沒尾地問了我這句話。

「DFC，你念錯了吧！我買過的化妝品只有DHC，沒有DFC……」女孩半疑惑、半開玩笑地說。

「老師，你不會不知道吧？」男孩神祕兮兮地追問著。

「全文是Design For Change吧！這個機構是印度河濱學校的校長瑟吉設立的。她的理念是希望把學習空間還給學生，賦予學生改變世界的自信……」

腦海突然閃過《報告！這裡沒有校長室》的書訊，一名教會印度學生從Can I到I Can的傳奇熱血老師。

「老師，你可以不要那麼快就告訴我們答案嗎？你讓google大神的速度都搶輸（書）你……」男孩放下手機，話中有話地念了我一下。

「你難道不知道，只要提到書，老師都不會認輸的。這點，她可是頑強得很……」女孩眼神望向我，可愛又調皮的表情讓我忍不住笑了。

「其實，我很羨慕瑟吉校長，她是個有夢想就能馬上實現的行動派。更厲害的是，她能找回孩子眼中的光芒，讓學生找到做夢的勇氣，培養他們圓夢的能力。你怎麼會想問我有關DFC的訊息？」我好奇地問了男孩。

「我是看雜誌時讀到的，很驚訝印度會有這樣的機構，還有人願意推廣這樣的教育理念，很感人耶！老師，你知道嗎？DFC要孩子運用觀察力、同理心去感受這個世界，發揮自己的想像力和創造力去激盪解決問題的能力，甚至要學生自己實行計畫，培養自信心，親手投入改變自己的過程，用文字、簡報紀錄改變世界的點滴，太酷了吧！」男孩酷酷地說出他所知道的DFC。

「你的一席話倒是教會老師許多事情，也讓我明白老師的價值是讓學生活用知識，進而解決問題。」我拍拍男孩的手臂，鼓勵他的分享。

一本書的力量，無窮

「老師，我從來都沒想過夢想這件事，我也不知道夢想對自己的意義是什麼……」女孩有些茫然與無奈地說。

「每次寫我的志願，好像都一直在改變中：從家庭主婦到美髮師；從老師到律師；從廚師到醫師，真的也想不起自己真正的夢想是什麼了……」另一個女孩有些惆悵地說著。

「你們看過《三個傻瓜》這部片子嗎？電影有個片段是藍丘鼓勵拉朱要放下包袱，做真實的自己……那段對話很激勵人心，有機會，大家一起為夢想、為自己，跨出那一步，改變世界的那一步……」我走向女孩，拍了拍她的肩。

「我記得老師在文藝營曾說過旅行的意義：**當我們離舒適的環境愈遠時，我們就能離自己的心愈近**。所以，謝旺霖從雲南的麗江出發，帶著夢想的勇氣，一關關闖過去，即使孤獨，也無所畏懼，甚至從困乏的生活中，找到轉山的人生意義。老師曾用過一本書的力量，讓我們去思考夢想與人生的意義，我覺得很受用……」貼心的女孩溫柔地說著過去的故事。

我打開自己的書櫃，要學生去挑選幾本和夢想相關的書，並和他們約好月考後，來談夢想這個偉大的議題。

「升上高中後，自己在學業上的表現大不如前，不只找不到讀書的意義，過一天算一天，愈來愈渾渾噩噩……不過，謝哲青《走在夢想的路上》的文字好溫暖喔！也很有力量，帶給我很大的反思和感動。或許人生留下的痕跡，往往是瑣碎又不起眼的細節，但那些細節卻是通往夢想很重要的學習。老師，我現在開始為自己努力，會不會太遲了？」女孩眼泛淚光地說著。

人生沒有遲到的問題

「謝哲青在流浪中認識自己，思考未來；你在閱讀中沉靜心靈，讀懂了自己的心，放心吧！**人生沒有遲到的問題，只要你願意，任何事都不會太遲。**」我抱著女孩，堅定地說著。

「換我插嘴一下，有機會請大家支持一下景美拔河隊。那群女孩和我一樣只是十六、七歲的女孩，卻可以吃那麼大的苦，忍那麼多的痛，重新檢視自己的生活之後，除了慚愧，也想當《不放手，直到夢想到手》這本書的女孩，有著勇敢、熱情、陽光的特質，不再中途放棄，把夢想緊緊握在手中。」上課常打瞌睡的可愛女孩，突然眼神閃爍光彩地說著。

原來，老師無法傳遞給你們的正面力量，景美拔河隊的女孩教會你們了。從今天起，就努力做自己吧！和她們一樣把每件事都做到最好，當個永不放棄任何機會，奮勇向前的陽光少女吧！」我熱血沸騰地說著。

「我不是因為作家長得很帥、顏值很高，才選《夢想這條路踏上了，跪著也要走完》這本書閱讀的。再次強調Peter的文字很溫暖，在我心中泛開的漣漪，開始啟動我的思考。我認真地整理了過去，什麼事情挫折了我，而讓自己不敢擁抱夢想？是什麼經歷困擾了我，而讓自己錯失圓夢的機會？當我有勇氣能為自己的夢想匍匐前進時，我就真的能堅持為自己活出不一樣的姿態了。」男孩故意誇張又感性地說著。

「老師相信你在前進夢想的道路上，已經找到最棒的能量和最好的姿態前進了，請勇敢地為自己全力以赴，未來我們都會以你為榮的。」我向男孩比個讚，鼓勵他繼續往夢想的路上前行。

在孩子心中種下熱情與勇氣的種子

「我把陳彥博《零下40度的勇氣》、宥勝《你，就是冒險王》、《告訴世界我是誰》三本書，一口氣看完了。這三本書的共同特色都是為了夢想而願意衝鋒陷陣的熱血青年。陳彥博為了找到存在的價值，而一次次挑戰極限運動；宥勝用雙腳看世界，用心感受環境的變化，找到與生命連綴的意義；黃明正在街頭賣藝、倒立環台，用獨特的方式讓世人看見他的天賦以及愛台灣的熱情。一次KO三本書，好像把陳彥博、宥勝、黃明正三體合一，畢業後，我可要徒步走完台灣，證明沒有不可能，只要我願意……」男孩說話的樣子，讓大家都感染一股豪情與壯志流竄於心的躍動。

「如果有時間，再繼續閱讀九把刀《我買過最貴的東西，是夢想。》、李偉文《電影裡的生命教育2》、喜多川泰《築夢的手紙屋》……」當我滔滔念著一長串和夢想相關的書名時，孩子故作逃走狀，向我揮了揮手地離開了。

孩子呀！老師真的相信《牧羊少年奇幻之旅》所說：「當你真心渴望某樣東西時，整個宇宙都會聯合起來幫助你完成。」只要有夢想，就能堅持做更好的自己。同時，老師也好感激這些作家能透過文字的傳遞，書寫的分享，在你們心中種下了熱情與勇氣的種子，讓我有機會與夢想奕奕的你們相遇，在如此美麗又洋溢著青春的歲月裡，同喜同悲著。

謝謝你們讓我體會到閱讀翻轉人心的力量有多大，書寫改變世界的風景有多迷人……

怡慧主任推薦書

《報告！這裡沒有校長室——印度河濱學校的六堂課，化知道為做到的熱血教育》（許芯瑋、上官良治／親子天下）

《三個傻瓜》（伽坦．巴葛／晨星）

《走在夢想的路上》（謝哲青／天下）

《不放手，直到夢想到手——景美拔河隊從九座世界盃冠軍中教我們的二十四件事》（景美女中拔河隊／春光）

《夢想這條路踏上了，跪著也要走完》（Peter Su／三采）

《零下40度的勇氣》（陳彥博／健行）

《你，就是冒險王——克里斯的夢想天空》（宥勝／大田）

《告訴世界我是誰——倒立先生黃明正的夢想拼圖》（黃明正／遠流）

《我買過最貴的東西，是夢想。》（九把刀／蓋亞）

《電影裡的生命教育2夢想起飛的時刻——62部電影，滋養孩子的熱情、勇氣與冒險精神》（李偉文／親子天下）

《築夢的手紙屋——給學生的升學指引與人生方向》（喜多川泰／高寶）

【能力17：關於做計畫】

別讓青春被分數綁架！給高中新生的開學宣言

「老師，為什麼，你要到這個吃力不討好，不被喜歡又充滿挑戰與挫折的位置……」孩子不能理解地看著我。

高中新生始業式前，你氣喘吁吁地跑來問我：「老師，為何你搬了辦公室，換了新位置，都不說？害我找你找好久、好久……」

孩子帶來的溫暖安慰

「不管老師換到哪個工作，一樣喜歡閱讀，一樣喜歡教學，一樣喜歡你們……」你望著我說話的眼神，有著安心的眸光，比我還高的你，拍拍我的肩頭：「換了新工作，別忘了還是要吃飯、休息，照顧好自己，不然，你這個大人就太遜了……」

你的溫暖問話，讓我忍不住地紅了眼眶。

多日來在工作上的煎熬、煩惱、痛苦，突然有了釋放的出口。原來，我不是孤獨一人在奮鬥，孩子們都還在我身邊。

「老師，為什麼，你要到這個吃力不討好，不被喜歡又充滿挑戰與挫折的位置……你難道想證明什麼嗎？」孩子不能理解地看著我。

「老師的心中從高中時代就住著一個熱血、努力、勇敢的小女孩！當自己愈絕望時，小女孩就會叫我更勇敢些。好像再多努力一點，就能找到真正的幸福。」孩子理解地笑了，揮揮手告別了。

別當現代的文盲

因為你的出現，老師想為所有的高中新生寫篇文章送給你們。

親愛的，歡迎你進入一所新的學校就讀，就讓我在心中默默替你輕唱「歡迎你」的詩句，期待你手握夢想的帆桅，向偉大的航道航行。

你是用怎樣的心情，想像這三年的青春？你是用怎樣的態度，擘畫這三年的歲月？

無論你想用怎樣的姿態度過、闖過這三年的時光，老師都希冀你們能珍惜且把握此生僅有一次的高中生活，為自己的生活扉頁，烙下熱血、勇敢、努力的圖騰。未來，請帶著這份美麗的回憶，成為一個無畏無懼任何挫折、風雨的人。

如果可以，高中三年，請盡情地為自己的生命好好閱讀吧！有人說：現代的文盲，不是看不懂字句，而是不願意學習，不願意閱讀的人。**若你想保持與世界接軌的能力與旺盛的學習動機，閱讀是最好的途徑**。

只有你能評價自己

最近，老師閱讀完《少爺》，書中主角有著和你們一樣單純、可愛的性格，對成人世界有時也會產生憤怒無力的吶喊，很適合剛換新環境的你們，少爺會是你們喜愛並產生共鳴的角色。

如果，你是喜歡問「為什麼」的學生，老師也想推薦你閱讀《科青的趕時間科學教室》。讀完這本書後，你不會覺得「科學」是好難、好累、好無聊的名詞，反而會對科學產生濃厚的興趣，或許還會成為校園「科青」呢！閱讀會讓你知道：能夠評價、定義你的價值與存在的，永遠只有自己而已。

閱讀可以讓你簡單自然如一流清泉，以溫柔卻堅韌的性情，讓別人理解你的青春、你的創意；閱讀可以讓你熱情閃亮如一道彩光，以溫暖卻堅持的姿態，勇敢地把悲傷、憤怒、恐懼，阻隔在另一個世界，讓與你同行的人都能被照耀、被關愛、被燦亮。

電影，能讓我們迅速理解不同的觀點

如果可以，這三年，請盡情地為自己的生活好好看場電影吧！或許，那些影像堆砌而起的人生風景是你從未接觸過的，卻能讓你理解不同年齡、不同族群、不同性別，最快捷的方式。

優游在一場電影的世界中，你因為理解而同理，因為同理而產生更多元思考的視角，即使生命出現各種聲音，也願意分享、包容。

當你不知道，選擇一條人煙稀少的路去走、去闖的想法是否正確時，去看電影吧！當你不知道，守護一個真理存在的堅持是否正確時，去看電影吧！

年輕的我，常常在看完一部好電影，如：《美麗人生》、《大河戀》、《搶救雷恩大兵》……後，開始明白了：即便現在我找不到那個彷彿若有光的世界，但真善美的世界的確存在過。從過去到現在，都值得我們一生追尋與守護……

最近最夯的《我的少女時代》，把高中時代少男、少女因年少而輕狂；因輕狂而懊悔；因懊悔而學會珍惜，因珍惜而再度擁有的故事呈現而出，感動許多不同年代的觀賞者。

原來，勇敢地實踐一個自己喜歡的樣子，是無關年紀、性別的。親愛的十六歲的你，正走向一個青春的年代，請洋溢年輕氣息、滿載對未來美好想像，揮灑屬於你亮麗人生的時代吧……

不被分數綁架的高中生涯

如果可以，這三年，請盡情地實現自己的夢想吧！只要你願意，沒有不可能，一如褚士瑩《1年計畫10年對話》這本書所書寫的，你可以為自己擬定一個計畫，短期、中期、長期地慢慢地改變自己。

你會一天比一天活得更好、更有自信，並且一年比一年更愛自己目前的樣子。當你管理好自己的時間，持續Just do it，你就能成為一個具有獨特生活風格與生命特色的效率高手……

因此，你的高中生活不再被分數綁架，不再被成敗標籤你的價值，你會明白上學的意義，你會懂得讀書的本質，原來熬過孤獨念書的過程，找尋自我存在價值的痛苦，都是讓自己蛻變成彩蝶，翩舞於未來世界必經的試煉。

當你願意接受挑戰，願意因別人的信任，而扛起責任時，你已找到夢想的鑰匙，成為別人生命真實的依靠。

未來，期待平凡渺小的我，能持續為你們掬取閱讀的芳馨，為你們找到躍過沮喪低潮幽谷的勇氣與力量，一如《自由之旅》的文字，即便歷經歲月的流轉，依然能替我們找到生活中一份樸實無華的智慧與幸福。

嶄新的學期，誠摯祝福大家：Everywhere you go you always take the weather with you.

怡慧主任推薦書

《少爺——日本最多人讀過的夏目漱石代表作》（夏目漱石／自由之丘）

《科青的趕時間科學教室——解答最奇怪的問題、永不退流行的謠言，和無法解釋的現象》（米契・莫菲、葛瑞格・布朗／究竟）

《1年計畫10年對話——預約10年後的自己，需要年年實踐與更新》（褚士瑩／大田）

《自由之旅——與劍橋大學心靈導師的精神對話》（亞瑟・克里斯多夫・本森／寶瓶）

《國際觀的第一本書——看世界的方法》（劉必榮／先覺）

《韓國人和你想的不一樣／人妻太咪的韓國有趣文化×特殊習慣×超妙生活觀察》（太咪／時報）

【能力18：關於懂得生命滋味】

感覺被愛，浪漫滿點的高中寒假作業

「這是什麼？『好好吃一頓』？『今天我最美』？這是『我的小宇宙』？『行之有道』？『最浪漫的事』？這到底是什麼怪寒假作業……」孩子們開始交頭接耳了起來。

快放假了，終於可以睡到自然醒，太棒了……

快放假了，我卻只能在補習班度日，太慘了……

快放假了，我不知要做什麼，太煩了……

放長假前，孩子們的對話讓我心疼，也讓我興起為他們設計「寒假悠活」作業單的動機——年輕的歲月多麼可貴，不該虛擲韶光，也不該無所事事，更不是在補習班競逐分數上的功成名就，春青一旦錯過了，就再也回不去了。應該是善用假期好好和自己說話、認真思考未來如何成為一個有故事又善良的人。

一個當老師的熱情，頓時讓創意與靈感在腦中活絡了起來。

二〇一五年的寒假作業絕對不能讓他們一看即丟，或是隨便敷衍就能繳交的功課。期待他們能學習打開五感去體會四時萬物的召喚，用心地過生活，更有意義地在有史以來最長的寒假中成為自己生活的主人。

最獨特的獎勵——國文免考金牌

「這是二〇一五年的寒假作業單，請大家用打game闖關遊戲的方式來完成它。」當我把作業單發下去時，突然瞧見孩子們的眼神充滿著疑惑。

「這是什麼？『好好吃一頓』？『今天我最美』？這是『我的小宇宙』？『行之有道』？『最浪漫的事』？這到底是什麼怪寒假作業……」孩子們開始交頭接耳了起來。

「大家是不是滿頭霧水呀！這次我設計了五個關卡，只要你們每通過一關，得到我的認證後，就能獲得國文免考金牌一張，可以讓你折抵下學期國文小考一次。這次的假期如果能關關快樂，關關過，未來的學習將更有行動力與創造力喔！闖關完，保證你收穫滿行囊，也能找到精采自信的生活模式，怎麼樣？準備好要接受挑戰了嗎？」

孩子們似乎心動了，因為他們太討厭考試了，這個免試金牌讓他們開始認真研究起這份特別的作業單，此起彼落的討論聲，就在男孩舉手發問後靜默了下來。

透過一頓飯，咀嚼出生命滋味

「『好好吃一頓』，是想考驗我們什麼？難道要我們天天狂吃，開學後變成大肥豬？是養豬大作戰嗎？」孩子詼諧地問著。

「當然不是！你故意找梗給老師回答，真是太謝謝你的用心良苦了。」我感染了這份愉悅，陪著孩子搞笑起來。

「老師希望平日被考試追著跑的你們，沒有時間好好吃飯的你們，找一天好好地犒賞自己的胃，把這陣子因課業壓力而食不知味的記憶丟棄。試著去回想：記憶中曾經有哪一種味道，讓你魂牽夢縈著？有哪一家餐廳、小吃店的食物，讓你念之、記之，難以忘懷？把它們找出來，留一點慢食的時光給自己，試著咀嚼出生命雋永的好滋味。若能在假期好好吃一頓食之有味的餐飯，就算過關了！」我用心疼的語氣說明著。

「老師，可以是兒時與母親一起煮的肉燥飯嗎？可以是隱身在市集不起眼的小攤販賣的擔仔麵嗎？可以是國小畢業和好友一起歡聚的牛排館嗎？老師是想讓我們透過一頓飯，去尋找一個感動生命滋味的故事嗎？」女孩貼心地補充說明著。

「你會讀心術嗎？把老師要說的都說完了。如果，體驗完生命好味的時刻，也趁機讓心靈充電吧！我想推薦這幾本和飲食相關的書籍，如：簡媜的《吃朋友》、焦桐的《飲食散文選》、徐國能的《第九味》，能讓你在吃得開心愜意之餘，心靈也會有熠熠閃亮的觸發喔！」我別有用心地說著。

孩子們相視而笑地說：「老師永遠都要在話題之外偷渡幾本書給我們，愛讀書的企圖心真的太明顯了啦！」

不當宅男、腐女，穿出最自信打扮

「『今天我最美』，又是什麼？」男孩酷酷地舉手問了。

「就是要你們找一天好好打扮自己。所謂士為知己者死，女為悅己者容，即使，現在這句話聽來似乎不合時宜了。但是，假期不該讓自己都是宅男、宅女蓬頭垢面的樣子，整天窩在家偷懶、打電動，就太浪費時間了。

「找出最有自信的裝扮，穿出精神抖擻春風少年的模樣，拍張美照傳給老師。讓老師知道，你們這個世代流行的品味與美感是什麼樣貌，也讓我感染你們的青春氣息，偷偷懷想黛綠年華的我，曾是什麼清純的模樣，可以嗎？」我望向那名帥氣的男孩說著我的答案。

布置有年味的書房

「這關太easy了，老師故意放水的吧！那，『我的小宇宙』又是啥？」男孩又調皮地問了。

「還記得有一堂國文課教到歸有光的〈項脊軒志〉，曾提到，作者改造書房後擁有明月半牆，桂影斑駁，風移影動，姍姍可愛的景致，帶給他清明幽靜的心境嗎？你們何不學習歸有光，趁著新年來個除舊布新，貼個書聯、座右銘之類的對聯，替自己布置一個有年味又奮進的書房，讓它可以陪你讀書、著述、吟詠、冥想，那一方天地不就是你的小宇宙？

「未來，書房讓你成為滿溢著光熱的人，陪著你追逐夢想，度過假期美麗的時光。如果，有機會再翻閱當代偉大建築師安藤忠雄的作品集或傳記，就能知道當代大師設計出來的建築物簡樸卻不失大氣，看似平凡，卻深蘊生命力，值得大家利用假期去認識這位建築大師喔！」**我刻意把文本與書籍延伸在一起，從中鼓勵孩子在閱讀中向典範學習。**

用雙腳、騎單車等，去感受土地的美好

「老師設計的前三個關卡是和食、衣、住有關，是真的很貼心地想讓我們有個吃香喝辣的歡樂假期，不過寒假闖關……不會連走路、搭公車都有功課要寫吧！」一男孩語氣誇張地說著，惹得同學都笑了。

「沒錯，知師莫若生，你找到我設計作業的眉角了……」我也逗趣地回答著。

「平常出門有父母轎車接送，那現在就換個交通工具來體驗生活吧！可以騎單車，優游小巷小弄；可以用雙腳丈量土地的溫度，瀏覽人情的美好；可以搭乘公車，享受觀覽市聲鼎沸風景外，一點放空的自由；可以換乘小火車到山城小鎮，去感知煙嵐繚繞的清明。改變行進的工具，學習配合自己心靈的速度，在快的步調與慢的韻律交錯間，找到最適合自己行旅的速度，碰撞出燦爛的生命火花和有趣的人生風景來。」我延續上個話題，繼續補充說明著。

「老師的意思是，如果我能找到自己繞著世界運轉的速度前進，就能無入而不自得了嗎？如果我們能帶著快樂的笑容行旅在這個城市，就算真正過關了，是嗎？若能再搭配自己喜歡作家的旅遊好書來閱讀，就是假期最完美的行之有道了，是嗎？」孩子天寬地闊地分享著，把我原本發想的作業，擴展得更周延、縝密。

改變無感、無動力的自己

「換我猜，換我說，『最浪漫的事』是不是要我們找個好朋友去瘋狂一下呀？」孩子曖昧地說著。

「請大家先把心中浪漫的定義仔細描摹出來：它不是用錢能堆砌出來的浪漫，可以是在一本好書中，聽到作者與你對話的回音是浪漫；找志同道合的朋友聽一場感動心靈的音樂會是浪漫；可以是為喜歡的人練一首吉他樂曲，可以是用心地唱一首清韻是浪漫；即使是一個人的旅行，也能讓自己從孤獨走向勇敢的歷程，那更是獨享的浪漫……」我試著把浪漫定義得更具體化，讓孩子能明白：浪漫是能撫慰受傷瘡瘢的良藥，浪漫是能陪著自己喜歡的人，慢慢老去的幸福。

「我覺得最浪漫的事是等一個人的咖啡，那種等待的場景看似痛苦，常常是學習珍惜一個人、感恩上天恩澤的歷程。我也知道老師是希望我們能從闖關作業，讓我們學著在規劃自己的假期時，安頓自己的生命，改變無感、無動力的自己，為自己的生命找燦亮，進而充電的旅程，是嗎？」女孩貼心地給予我如此深情又窩心的回饋，讓我感動著。

孩子們，徐志摩曾說：「我的眼是康橋教我睜的；我的求知欲是康橋給我撥動的；我的自我意識是康橋給我胚胎的。」老師期待這一張薄薄的作業單，能打開你的心視界，從食衣住行育樂探訪的每一個步履，都在進行自我心靈的爬梳，走向閱讀燦美的世界，不僅觀照到內在幽微的角落，也給予自己更多正面的力量，成為更好的人。

放假了，相信我的孩子們此刻正奔往美好假期的懷抱中。在自己的旅行中，細細收藏生命中美好的片刻，成為有故事可分享的生活大師。

怡慧主任推薦書

心靈加油站——自我成長

《牧羊少年奇幻之旅》（保羅·科爾賀／時報）

《為自己出征》（Robert Fisher／方智）
《過得還不錯的一年——我的快樂生活提案》（葛瑞琴．魯賓／早安財經）
《那一刻，我們改變了世界——31個實現自我、把握機會、創造人生的故事》（須文蔚編撰／遠流）

探訪人間事——小說悅讀

《阿Q正傳》（魯迅／任何版本皆可）
《兒子的大玩偶》（黃春明／聯合文學）
《嫁粧一牛車》（王禎和／洪範）
《解憂雜貨店》（東野圭吾／皇冠）

課室外的春天——課本延伸

《為什麼孩子要上學》（大江健三郎／時報）
《TED Talk十八分鐘的祕密》（傑瑞米．唐納文／行人）
《更好的生活》（吳岱穎、凌性傑／聯經）
《一種風流吾最愛——世說新語今讀》（劉強／麥田）
《誰在銀閃閃的地方，等你》（簡媜／印刻）
《目送》（龍應台／印刻）
《父後七日》（劉梓潔／寶瓶）

《聆聽父親》（張大春／時報）

《幸福一念間》（李濤／天下）

其他——食衣住行育樂

《吃朋友》（簡媜／印刻）

《飲食文選》（焦桐主編／二魚）

《第九味》（徐國能／聯經）

《百年衣裳——20世紀中國服裝流變》（袁仄、胡月／香港中和）

《安藤忠雄——我的人生履歷書》（安藤忠雄／聯經）

《11元的鐵道旅行》（劉克襄／遠流）

《轉山——邊境流浪者》（謝旺霖／遠流）

《在河左岸》（鍾文音／大田）

《正義——一場思辨之旅》（邁可·桑德爾／雅言）

《學習的王道》（喬希·維茲勤／大塊）

第二部

牽孩子的手，一起閱讀

【能力19：關於陪伴】
當心很痛，一本書溫暖你的生命

「老師，你曾經失去過心愛的人嗎？」孩子臉上滿是淚痕地問了我這句話。

我知道，你期待她回來你身邊，再喚你一聲，親愛的女兒。
我知道，你深信她還活在你的記憶中，跟著你呼吸、跟著你生活。
我知道，因為她的離去，你開始學會更愛自己了。
看見你形容枯槁、食不知味，幾近行屍走肉的樣子，我不敢想像，也不忍想像家人離去後，你承受的苦痛有多沉重。但，孩子，請為了天上的家人堅強起來；請為了親愛的家人勇敢起來，雖然這件事很困難、很艱辛。

身為老師的我，心底也有小小的企盼：能讓我成為陪在你身邊，行旅一段從捨不得到捨得人生旅程的朋友嗎？

走進孩子心中的傷痛

「這是我在網路買的聖誕禮物，是一本漂亮的記事本，很適合漂亮的你。有空可以寫寫心情、塗塗鴉，當成年輕歲月的紀念。這是一枝很典雅的皇冠筆，讓字跡娟秀的你，寫起字來更顯飄逸喔！」說著說著，望見孩子的眼眶紅了。

「以前，媽媽在每年聖誕節，也會充當聖誕老公公，送給我這些東西當禮物。媽媽的個性和老師很相像，喜歡的東西也很類似。」孩子語帶輕鬆地說著，我卻善感地想掉眼淚了。

「老師真的很愛哭，常常聽到幾個關鍵字就會忍不住，哭點真的很低……」我故意轉移話題，以免快奪眶的淚水流出來。

「老師，媽媽也是個愛哭鬼。我受傷了，她哭得比我大聲；我病了，她可以整夜輾轉難眠。媽媽走了之後，心裡突然變得很空洞，好像沒有什麼快樂的情緒可以填進來心裡面了。」孩子說完，忍住情緒望向我。許久許久，她還是嚎啕大哭起來了。

「好好地哭一場，把傷痛的淚水一次哭完，心裡或許會好過一點。」

我輕輕拍著她的肩膀，多希望我有些魔力，能拂去她的哀愁、她的傷感，給予一些陽光的能量，照耀著她小小的有些黯淡的世界。

面對孩子的求救

「老師，曾經失去過心愛的人嗎？」孩子臉上滿是淚痕地問了我這句話。

「當然有！愛過方知情深，常常終其一生，仍陷在放不下、捨不斷的情境中，捨得絕對不是一句放下了得！但即便我有多麼捨不得，深愛的人還是用不同的方式離開了我們。老師希望你明白：這樣傷痛欲絕的心境，我們此生都得親身走過一遭，**歷經過生老病死輪轉的才叫人生。只不過，有人面對的時間早一點，有人晚一些而已。**」雖然我不知這樣的安慰，是不是能讓她好過一些，總希望能讓她早點走出淒冷心情的地窖。

「老師，我要怎麼做，才可以減緩這樣的痛苦，快點擺脫負面情緒的糾結？」

孩子終於願意求救了，我終於等到這一刻了。

「你覺得瘦骨嶙峋的憔悴模樣，會不會讓天上的家人看了，也莫名地悲傷了起來？如果你是基督徒，可以用禱告祝福來平靜心情，未來相愛的人仍會在天堂相見的；如果你是佛教徒，可以用抄經來安定情緒，期待下一世能再續前緣的；如果你是無神論者，就相信自己有能力走過這個悲歡離合的考驗，讓身邊的人以你為傲。用你喜歡的方式，為自己、也為深愛的人，快點躍過生命的幽谷，未來才能過得更好、更幸福。你覺得呢？」

「未來，老師還是會常常在我身邊嗎？讓我有個可以依靠的人嗎？」當孩子說出這句話時，我的心跳得好快好快，那種被需要又感動莫名的情緒，讓我在心中立下小小的祝禱：「我願意成為她生命的微光，帶著她走過曲折的仄徑，望見人間最美麗的風景。」

老師真像媽媽

「需要老師的時候，老師就在這裡；不需要老師的時候，老師還是會在這裡。等著你、望著你，成為更好的孩子……我相信，你可以做個比老師更出色的人。」

孩子的真心話，讓我如此悸動著，不自覺就說出這樣的承諾。

「老師真像媽媽，很溫暖、很溫暖……」孩子握緊我的手，望見她眼底的哀愁，讓我的心也升起淡淡的憂傷。

「你知道嗎？前些日子，老師被失眠的症狀困住，好幾年沒發作的偏頭痛，竟然也纏住我了，身體的不適，讓心情也跟著鬱悶起來。後來，我隨家人到山上寄住了幾天，帶了幾本好書去讀，偶爾有所觸發，就寫寫文章，簡單規律的生活似乎也找到些心情的寄託。

「有一天，突然嗅聞到周遭的空氣怎會飄散著香甜的氣味？走向屋外，原來竹籬笆外的花朵都綻開了，芳香馥郁的味道，真是令人心曠神怡！驀然一陣驟雨，花兒竟然落了滿徑，零落的花瓣，看了也挺傷感的。那場雨洗去了大地的溽熱，攜來了清涼的氣息，但是殘紅的景況不免也令人悵然。往前走了幾步轉進木棧，眼前竟是綠意蓊鬱、鳥鳴蟲嘶在耳際召喚著，心靈頓時又靜謐了起來。

「那天，心境幾經轉折，我也終於明白了世事無常，把握當下的道理。當晚，我睡得很深沉，看起來那場雨彷彿滌淨了我的罣礙，帶走我的愛恨離愁，讓我重新活了起來。有時候，找一處喜歡的地方去旅行，換個生活環境，抽離一下低迷的情緒，美的覺醒、自然的呼喚，也是自我療癒的方式之一喔！想不想去試試？有機會我們師徒兩人也來個小資女的小旅行吧！」很少對孩子訴說的生命經驗，竟在不知不覺中自然而然地分享了起來。

當老師想放棄時

「老師，為什麼願意當孩子的靠山，願意把別人的事攬在自己身上？」孩子用這樣的提問鼓勵我，也希望知道我願意成為別人依靠的真正原因吧！

「坦白說，堅定的閱讀信仰，讓我願意成為這樣的人吧！每次想放棄時，案頭的書就拿來翻翻看看，總有些句子會成為一種力量暗示著我、提醒著我。有的時候，看不到未來的路，該何去何從？還是會有一本書帶著我去思考生命的價值為何。我不勇敢，是聖哲的智慧讓我擁有勇氣；我不完美，是雅士的文墨讓我沾染讀書人的堅韌脾性，成為更好的自己。書這個靠山，永遠比老師更牢靠，也不會傾倒，是不是該找到比老師更出色的靠山了？」

孩子聽完我的分享，有些調皮、有些慧黠地說：「老師，你知道學長姊曾偷偷告訴我們：怡慧老師常常說著說著，就會提到哪本書有多好，哪本書有多厲害，接著，就會問我們要不要借回去讀？然後，每個人走出你的辦公室，不管是心甘，還是情願，手上就會多了一本書！」

原來，我這個閱讀傳道士的心思，早就被孩子們看穿了，他們早就知道我的企圖心，卻又那麼貼心地願意上鉤。謝謝你們，願意接受我用這樣簡單的方式，走進你們的心情、你們的生活。

孩子，打開書就能發現，書中的賢人會比老師更能引導你，為你找到更好的途徑，用更大的力量支持著你，向前走去。未來，你更親近書之後，你就會知道老師為何要用說書、借書的方式愛著你們了。

怡慧主任推薦書

《當傷痛來臨——陪伴的修練》（蘇絢慧／寶瓶）
《每一天練習照顧自己》（梅樂蒂・碧緹／遠流）
《愛一個人》（張曼娟／皇冠）
《沒人像我一樣在乎你——那些藏在心裡不說的事》（Ring Ring／布克）
《愛——即使世界不斷讓你失望，也要繼續相信愛》（Peter Su／三采）

【能力20：關於寫日記】

孩子，沒人懂你的心情嗎？寫日記吧！

我把年輕時珍藏的幾本日記本，轉送給喜歡寫作的文青學生。

那天整理書房，發現一本頁扉已泛黃褪色的日記本，青澀的字跡卻清晰地記錄著當年自己甜美的笑靨與苦澀的淚水。

深受《安妮的日記》影響

日記中記錄著我遺忘的故事：原來，我叮囑學生要用文字記錄生活點滴的習慣，是因為當年深受閱讀《安妮日記》的影響。

小說描寫的是一個我極度陌生的世界，一場歷史的悲劇，約略六百萬猶太人被納粹屠殺了……這是一本記錄年輕少女生活的日記。

花樣年華的女孩被困在一間小小的密室中，但她期待著能上學求知，希冀有段美好的初戀發生，對夢想懷抱著熱情，字字句句寫來沒有悲情，反而像是灑在心底的陽光，讓我們在面對生命挫折時，能窺見一份積極向上的力量。即使，她常被死亡威脅著，卻不見自暴自棄的陰霾。

尤其父母奧圖・法蘭克和伊迪絲，在女兒生死未卜時，即便找到了日記本，基於對人權的尊重，也不願替女兒打開它。日記中書寫著：看完小說後，內心升騰的感受，是歷經多層滋味的醞釀與發酵而成的喜悲雜糅，一如人生的滋味。

重新翻讀日記，即便是寥寥數行，也能拼湊起當年會哭、會笑的悲秋傷春模樣。暑假期間，我也把年輕珍藏的幾本日記本，轉送給喜歡寫作的文青學生。

私心地期待他們在習慣用FB拍照打卡的世代，也能研墨書寫，用抒懷的筆觸勾勒生活喜悲的輪廓，用論理的字句針砭青春歲月的大是大非。

甚至，在自己的to do list中，列上幾筆對未來的規劃，不只鑑往知來，也能認清自己生命的真正定位。

日記會替我們記住

「老師，如果我們想找個主題，當成生活第一頁書寫的紀念，你建議我們用什麼主題切入？」女孩開心地拿著日記本問著。

「我真心地建議，是不是能先找一本和日記相關的著作來閱讀，並把讀完的心得當成日記書寫的初始儀式？不只很有意義，未來，你們成名時，這本日記可是許多人會一起拜讀的文青閱讀故事……」我像個傳道士般地說著。

「老師每次的答案，都可以猜得出來……一定會繞回閱讀這個話題。好吧！一言既出，駟馬難追，既然我們問你了，就會遵守約定。我還以為，你會叫我們找個愛情的話題，當成這本書的楔子……」男孩故意幽怨地說著。

「好啦！我陪你們去圖書館找一本和日記相關的書來閱讀囉！未來，有機會，我們再一起出一本關於師生XX的日記，一起當暢銷作家……」我幽默地道歉著。

親愛的孩子們，老師不是呆板守舊，而是明白閱讀帶給你們生命的改變，有朝一日，若再回首，你會發現閱讀帶給你的改變，是歷經深沉反省而蛻變成長的美好過程。

至於，為何要你們寫日記？是想讓你們記住現在的模樣。年輕時，你會在乎到掉眼淚的人，未來會是輕輕擱在心中懷想的回憶了；目前，正等到心裡發疼的那個伊人，未來會是雲淡風輕，不帶走一片雲彩的過去了。

若能讓文字替你保留這些點滴，留待未來仔細思量，其實那份在乎一直都在，只是長大後，我們變得世故，不再有勇氣承擔失落的痛苦而滿不在乎，不能再堅持守護永遠在一起的承諾。但，**日記會替你記住，現在這樣可貴、可愛、美好的你，讓你有回歸過去的可能，甚至能替你找回許多被遺忘的美好**。

孩子們各式的日記分享

「老師，我們都交換過彼此的日記了，很奇妙喲！我們選的經典日記都不一樣……你想聽我們分享嗎？」女孩彷彿發現新大陸似地說著。

「老師，我很喜歡《遜咖日記》系列小說的書寫風格。中英對照的譯本，讀起來有兩種語言的滋味咀嚼。所以，我的日記是一頁中文，一頁英文，未來，我要再一頁日文。

《遜咖日記》有很多漫畫陪襯文字，所謂有圖有真相，這樣的日記太多采多姿了，不會比《湯姆歷險記》這類經典小說遜色喔！

「看起來像小大人的我們，應該具有思辨力了，卻常是人云亦云；一直搖旗吶喊著獨立自主，卻常是被小團體牽絆著。我也像主角葛瑞一樣成績平平、人緣普普、外表平凡……但內心卻渴望被讚美、被賞識。

「這部小說真像我生活的寫照，因此我有感而發地在日記第一頁謄抄：當以後等我有錢又有名的時候，我可沒時間整天回答別人的笨問題。很多自以為是的句子，卻能提醒我不要陷入這樣的悲劇……」

男孩掏心掏肺地說著，我感受到一種真誠感情的流轉，忍不住替他的說法比個讚，當作鼓勵與加油。

「我最有感觸的是《寫給未來的日記》這本書。主角帕克和我一樣，一直都是大家眼中的人生勝利組。我們成績好，朋友多，家庭看起來和樂……但是，在面對人生的抉擇時，卻常常是很茫然，不知所措的。一如書中提及羅伯特‧佛洛斯特〈未竟之路〉的詩句：樹林裡兩條叉路，我選擇了人跡稀少的那條路……這個句子一直在生命中不斷叩響我的心靈，我是不是該勇敢地走一條我想像的路？帕克的追尋之旅，小王子探訪七個星球的旅行，我們都陷入生命抉擇的難題，是要向左走，找自我實現的存在價值？還是向右走，安穩地在大家期待與陪伴的道路前進？現在，我可以堅定地走在自己喜歡的道路上，成為內心會真正快樂的那種人……」女孩的眼神閃爍著光亮，好美的一次告白。

「我和大家不一樣，我喜歡的是《少年大頭春的生活週記》，那是一本和我內心契合，台灣版少年維特的煩惱。作者用一種很輕鬆幽默的口吻來包裝叛逆男生的幽微青春，常被它天外飛來一筆的笑梗擊中，讀著讀著心情就很愉悅。原來，找到一本好書，真的可以在文字中和自己好好地相處，生命也不會一直處於漫無目標地前進中。」

男孩的未來或許能用文字來排遣些叛逆的心情，狂飆的情緒也有了抒發的出口，這就是寫日記的意義之一。

「我喜歡徐志摩日記。未來，我希望能去英國念書，在徐志摩的筆下，我好像被作家的文字點燃一份熾熱的熱情，他的浪漫溫燙了我的心。所以，很謝謝老師幫我找到這本很適合我閱讀的書。徐志摩日記讓我知道：朋友之間不用立定契約，卻能歷久彌新。心靈相契的人，不需要海誓山盟的點綴，就能心有靈犀一點通。他總能回到最初的自己，傾聽心靈的跫音，找到生命自在的方向。徐志摩對生活的渴求總是簡單與單純，常常浸淫於自己的小小世界，幸福逍遙。讓常常想得很複雜的我，也有了一種放下的釋懷。」女孩感性地說著，我的心也拂過一陣徐式的和煦春風，暖暖的。

孩子們，當你把閱讀與書寫成為生命的一部分時，你能找到閱讀紙本書的韻味，尋到書寫歲月的快樂。

手觸紙張，隨著心靈的速度閱讀，或快或慢，畫上幾筆眉批，寫上幾句感動的字句……那是閱讀的溫度，也就是書寫生活不能被抹滅的美好記憶，從閱讀日記開始，從書寫日記出發。

怡慧主任推薦書

《安妮日記》（安妮．法蘭克／皇冠）
《遜咖日記——失控的暑假》（Jeff Kinney／博識圖書）
《遜咖日記——葛瑞不能說的祕密》（Jeff Kinney／博識圖書）
《寫給未來的日記》（潔西．柯比／親子天下）
《少年大頭春的生活週記》（大頭春，張大春／聯合文學）
《徐志摩散文選》（楊牧編／洪範）

【能力21：關於寫作】

救救孩子的作文，從遠離3C，練習寫開始

當孩子們習慣用FB、LINE記錄生活或溝通情感後，寫作就變成學生的難題。

「老師，快救救我的作文分數啦！滿江紅了，好慘……」

「老師，一看到題目思緒就打結，開始不知所云……」

「老師，為什麼我那麼認真寫作，還是很常離題……」

「老師，平常我要怎麼提升自己的寫作能力？」

現代國文老師的新挑戰

數位時代來臨，孩子們習慣用FB、LINE記錄生活或溝通情感後，寫作這件事就變成學生自學的難題。

沒有閱讀習慣和興趣，又常在社群網路使用火星文、貼圖傳遞想法或內心感覺，久而久之，都忘了握筆書寫的溫度了，難怪到了要寫作時，才唉聲嘆氣，要賦文一篇，果真讓他們捉襟見肘了。

最近，每批改一篇六百字的短文就耗去十來分鐘的時間。除了替學生挑錯漏字，還要幫忙把不合邏輯的文句重新潤改。有時候，還在文字中糾結，產生時空錯亂、邏輯謬誤的窘況。我只能說，批改作文已成現代國文老師的新挑戰。

就以夏天的回憶為例，學生竟然出現這樣的句子：

「夏天就是要吹冷氣、吃冰，其他的，沒什麼可寫的……」這樣的破題不只文不切題，也讓閱稿老師開始在吹冷氣、吃冰上打轉，無法走出新局。

「其實我很討厭夏天，也不喜歡回想過去的事情，所以夏天的回憶這種題目，即使很努力寫，相信老師也看不到任何驚喜。」學生把內容與論述的重心放在對題目的「褒貶」，這樣一意孤行的寫法，還真是讓人啼笑皆非。

「夏天是在六月、七月、八月，一年最熱的時候，我會和妹妹一起在家猛看漫畫，那是夏天最美好的時光，可以一直閱讀、閱讀而不受打擾，我可以在一天內看完柯南、金田一、《海賊王》……」學生寫了一連串約兩、三行的書名，再加上流水帳、口語化的表達，讓我陷入是否要幫他改寫？還是尊重原著的版權？天人交戰的掙扎，讓我望「卷」興嘆。

「夏風徐徐，總讓我想起女作家張曉風寫過的經典文章叫〈碧沉西瓜〉，這是我閱讀過的文章中，描寫夏天回憶寫得最棒的作品了。」看到張冠李戴的舉例竟匪夷所思地串接在一起時，還是會讓我忍不住在旁邊批註：〈碧沉西瓜〉是老師喜歡的作家陳幸蕙的作品，而張曉風的作品是〈行道樹〉……

「夏天最開心的時刻就是能悠閒地在操場此起彼落地跳著。」我陷入自問自答：一個人如何悠閒又此起彼落地跳著？是有分身嗎？這樣誤用語詞的例子，比比皆是。

有些資質不錯的學生，硬掰出虛構的情節、荒謬的劇情，讓我不禁感嘆孩子生活經驗貧乏，外加閱讀量不多，真不知該從何幫起。

「夏天最開心的事就是和家人大啖西瓜，我還特別在院子裡埋下西瓜籽，期待明年夏天來臨時，和家人一起享受從樹上採摘西瓜的快樂，相信這會是全家人夏天難忘的回憶。」看著、看著真的會懷疑：西瓜是在沙地上採收，還是在樹上採摘？

再以去年會考作文題目〈捨不得〉為例：眾多考生多以「捨不得過世的阿公阿

嬤」為主旨，這讓曾昭旭教授質疑說：「國民平均年齡已經高達八十歲，平均僅十五歲的考生會有那麼多阿公阿嬤過世嗎？」

從寫日記開始練習寫作

孩子若能在平時把尋凡瑣事當成生活的一頁紀錄，久而久之，對生活的感觸、對生命的體悟，也會變得敏銳而真切。一如夏日的回憶，也能如此書寫：

「在夏季走進鄉間林野，抬頭望見變化多端的雲朵，點綴著素雅恬靜的湛藍蒼穹，頓時天空也活潑美麗起來。小溪潺潺低鳴流過，身旁的矮堤錯錯落落的花木扶疏，隨處都是天地有大美的景象。再向前漫步，開滿亭亭淨植的荷花池畔，淡淡的幽香竄入心脾，撫慰我苦悶的心緒，煩憂盡褪。沿途阿勃勒的嫩黃綠彷彿閃爍著青春的絢爛，夏日美好的跫音敲響這一季的悠唱，往日的旖旎情事，隨著身邊景致流轉出一首巧囀的弦歌。」

當學生讀到這樣的範文時，有的會興起美文是否會禁錮思維，流於八股的疑惑？我會適時地提醒他們：文章雖不能落入形式美的俗套，但只要不矯枉過正，典雅流暢的文字，仍是引人共鳴而低迴的寫作基本功。

因此，我常**建議十二歲到十八歲的學生們，從寫日記開始累積寫作的素材，並**

從中培養自己的觀察力與想像力。甚至，每週書寫閱讀心得一篇，有系統、有策略地讓自己能養成閱讀的習慣、擴大閱讀的書類，趁著少年十五二十時的青春年歲，累積識見，讓自己成為腹有詩書氣自華的謙謙君子。

遠離3C，買本日記本

「老師，如果我要讓寫作力變好，最快速的捷徑是什麼？」女孩認真地問。

「遠離3C，買本日記本。天天練習從所見所聞擷取重點，抒發所感，久而久之，描人、敘事、寫景、論理、抒情、思辨，就成日記的內容。」我簡單地分享。

「老師，有沒有什麼建議的經典日記，可以提供我們閱讀……」男孩突然開竅地問著。

「《安妮日記》會提供你們青春期遇到問題時，最好的答案與暗示。日記因未留下生活的感知，重新翻讀反而能消弭自己內在的偏執，對他人的誤解。甚至，因年歲的增長，也顛覆自己對過去的想像：從懷疑、迷惘的羈絆，是與非、對與錯的拉扯，愛情來與不來之間焦躁不安，友情猜忌與和解的擺渡，升學的壓力下，找尋夢想的煎熬……一名十三歲少女在無情戰火的殘害下，用一枝觀察世界的筆，把自己成長的苦澀與快樂，渴望與失落，對人性自由、尊嚴、價值、信念的堅持與追尋，展現孤獨卻不絕望的人性之美，也把她短暫又璀璨的生命做一個珍貴的見證。」我把最近讀來特別有感的日記與學生分享。

寫日記，與自己對話

「老師，寫日記是否能窺視自己的內在，找到與自己對話的方式？如果，剛開始只是絮聒與牢騷，慢慢地，是不是可以進步成整理思念、撫平疼痛、抹去眼淚、沉澱孤獨的句子來？」女孩十分有悟性地問著。

「寫日記的確可以讓愛恨情仇沉澱下來，在記憶長河所篩下幸福的光影與甜美的滋味，例如《街頭日記》中的古薇爾老師，以自由寫手的模式讓桀驁不馴的孩子脫胎換骨，因為閱讀，讓她堅持愛能創造奇蹟，用夢想能扭轉孩子被放棄的宿命。因為書寫，她記錄一段師生攜手前進，奏響青春昂揚之歌的故事。」我開始樂在其中地說著。

「老師，我在閱讀邱妙津《鱷魚手記》、《蒙馬特遺書》時，好像有讀到作家對生命的一種孤絕的呼喊，讀著讀著心裡也好痛……很想進入書中的世界替作家加油打氣，很想拍拍她的肩膀，告訴她：你不會孤獨，我們都懂你……」女孩問暖地分享著。

「如果，邱妙津看到這些文字，或許她選擇的不會是離開這個世界，會是留在這個有愛與溫暖的人間繼續堅持……」我有些感傷地說著。

最近圖書館採購了一系列爾雅出版的作家日記。找時間我們一起來閱讀隱地、郭強生、亮軒、席慕蓉、陳芳明、凌性傑的日記吧！或許，我們能一次閱覽文學家一年三百六十五天中的三百六十五種文人風情。閱讀是我們向作家致敬的方式，未來，也請親愛的你們用書寫向生命致敬吧！

怡慧主任推薦書

《碧沉西瓜》（陳幸蕙／文經社）
《張曉風精選集》（張曉風／九歌）
《安妮日記》（安妮・法蘭克／皇冠）
《街頭日記》（艾琳・古薇爾與150位自由寫手／親子天下）
《自由寫手的故事》（艾琳・古薇爾／親子天下）
《邱妙津日記》（邱妙津／印刻）
《2002隱地》（隱地／爾雅）

《2003郭強生》（郭強生／爾雅）
《2004亮軒》（亮軒／爾雅）
《2005劉森堯》（劉森堯／爾雅）
《2006席慕蓉》（席慕蓉／爾雅）
《2007陳芳明》（陳芳明／爾雅）
《2008凌性傑》（凌性傑／爾雅）
《2009柯慶明》（柯慶明／爾雅）
《2010陳育虹》（陳育虹／爾雅）
《日記10家》（陳育虹、王鼎鈞、席慕蓉等／爾雅）

【能力22：關於視野】

年輕人，你可以選擇自己的生活

當孩子的世界只剩下用學歷與薪資來為自己存在的價值背書時，孩子同時也失去許多該重視，但卻漠視的美好事物。

過去，當我坐在台下，以熱血沸騰的學生身分應和著臺上的老師，現在，當我站在講台上大聲疾呼、聲嘶力竭時，學生卻意興闌珊地敷衍著我。

是時代改變了嗎？那群親愛的、熱血的年輕人跑到哪去了？當他們的世界只剩下用學歷與薪資來為自己存在的價值背書時，年輕人失去多少該重視卻漠視的美好事物。

鼓勵孩子，走出去

義大利的老師鼓勵年輕人拎起一個簡單的背包出走，為實現年輕體驗世界，浪跡天涯的豪情。當孩子有說走就走的勇氣時，是不是就會有謝旺霖義無反顧，願意轉山的勇氣？是不是就會有謝哲青行遍天下、探索世界的膽識？當他們一窩蜂到澳洲打工遊學時，他們真的學會了：靠自己闖出一片天後，更謙卑地面對夢想，並實現它，甚至跳脫了小小的視界，走向寬闊無涯的人生？

美國的老師要年輕人從吃飯、穿著、睡覺、走路這些尋常事物中，去找到些學習的火花，要孩子放棄填鴨、複製知識的刻板印象，開展自己的身體感知，靠自己動手尋回學習的樂趣。所以，當分數的高低不再是評價他們成敗的唯一時，是不是就能激發出他們在人我交流的火花中，多些不一樣的想像與靈感呢？孩子真的會找時間和大山大海說說話嗎？年輕人真的會願意吃苦耐勞地凡事動手，從中累積在問「為什麼」之後，自己找到的答案嗎？

法國的老師要年輕人利用假期拿本文學或哲學的書，坐在塞納河邊也好，找家浪漫的咖啡館也好，甚至是躺在陽光草地也罷，只單純享受悠閒讀書的快樂。

從智者的文字中，體悟知識愈辯愈明的暢快。只是，他們真的願意為真理赴湯蹈火了嗎？闔上書後，他們願意慷慨地和身邊的友伴，分享他對真善美世界的想像，並也燃起自己對國家的使命感，並興起改變社會的企圖心了嗎？

放下焦慮，相信孩子

每次，我被這樣的文字感動到有非做不可的衝動時，台灣的年輕孩子總是一副很熱血，但我不參與的冷漠。

我試著觀察，這一代年輕人出生後，歷經了一個極度舒適安穩的世代。當老師憂心到下一代的假期清單規劃時，是不是就預設了這一代的年輕人連過日子的想像都沒有了？我們想給的，又偏偏是現在的年輕人不會乖乖順從的，因為我們走過的路途，太呆板、無創意，也太辛苦了。

我們這一代吃苦耐勞、苦幹實做的典型，永遠不會是年輕人想要過的生活模式。他們有時候還會勸我：老師真的太辛苦了，不要把心都懸在我們身上，你太沒有自己的生活了……除了少數學生的感謝外，我還剩下什麼？

那天，我一個人走回辦公室，除了悵然外，我突然發現自己是否該開闊心胸，放下焦慮，相信他們是有能力、有智慧的世代？他們當然可以選擇用一種輕鬆自在的模樣，向前走去。

老師的幾個叮嚀

親愛的孩子們，在未來選擇要過什麼生活之前，可以再聽聽老師的幾個叮嚀嗎？

不管未來你要過什麼生活，是不是可以**用雙腳親近自己的土地，去理解自己成長的地方，找到它的美好，也從中反觀自己成長的軌跡**？

願意對身邊的人，傾囊相授自己的所學，也有信心可以成為荒漠星空中一顆微亮的星子，指引他人的路。

若有時間，可以讀些文學、哲學的書，它能培養你擁有深厚的人文氣息和敏銳的洞察力，讓你在面對生命的疑問時，有更多的思辨知識可作為生命的答案。這樣的你，會是一個有思想、有溫度的年輕人。

老師也希望你們能敞開心胸，誠實地與喜歡的人交往吧！每個人都需要幾個忘機友，在你面對負面情緒時，他能啟發你正向思考，擁有好的能量；他可以讓你在沮喪時，有個臂彎可以依靠、哭泣；他永遠能讀懂你的心意；他的溫暖可以縫補你受傷的心；他會是你此生最信任、最依賴的人，因為這份信任，你不再猜忌人情冷暖，可以學會如何愛人與被愛，懂得欣賞別人最真實的樣貌，也活得愈接近真實的自己。

同時，他願意陪你傾聽蒼鬱染綠山頭的跫音，細看廣袤海洋接納百川的姿態，即使你時運不濟，也不失去與你一起拚鬥的志氣。終其一生，守護著朋友間的抱柱之信，相互依靠，直至老去。

書寫，讓我們找回初心

如果可以，請在自己生命的系譜中，加入書寫與閱讀這兩個光點吧！從每天記錄吉光片羽的習慣，加入一點想像與感動的元素，讓你喜歡用文字書寫人生。當你驀然回首，從文字中，你會發現自己在短短的時間內，挑戰了許多不可能的任務，完成了不少的夢想，是一段精采又令人激賞的生命扉頁呀！

有時候，因為不快樂了，重新翻翻自己的紀錄，才檢視到自己因荒唐而犯了錯，甚至快步入執迷不悟的歧途。書寫才能讓我們有機會，走回更接近自己原貌的道路呀！

至於閱讀的時光，能觸發許多與美感相關的記憶，像蔣勳、席慕蓉、劉墉、侯文詠、魯迅、卡夫卡、村上春樹，有的是念繪畫的、念醫學的、念法律的、念理工的，他們之所以傑出，就是閱讀與寫作，讓他們找到了自身職業以外的熱情與對文字的想像。在閱讀與書寫的視界中，他們都成為有故事可分享，有溫度可傳遞的人，也讓我們在其文字中或哭或笑，找到不同看待世界的角度。

最後，老師希望你們都是個能發光發熱的小太陽，可以給予別人溫暖，也勇於承擔改變世道的責任，能讓身邊的人因你而找到打破桎梏的勇氣，讓身邊的人因為你而尋到奮力前進的曙光，像這樣熱血的年輕人，就是老師和社會培育出來最大的驕傲。

孩子們，老師相信你們都會是這個世界獨一無二的品牌，期待你們在自我實現的路上日積有功，漸漸地成為自己想像的樣子，就像企業在經營一個品牌，永遠戰戰兢兢、認真突破，得到一個被他人認同與賞識的價值。

從年輕到現在，我一直喜歡泰戈爾在《飛鳥集》中所說：「使生如夏花之燦爛，死如秋葉之靜美」的生活方式。希望此生我能記得善待身邊的人，珍惜每個生命的相逢。即使在未來面對死亡來臨時，也能無畏無懼地自然歸返，向世界告別。

當老師還是年輕人時，就想用這樣的姿態與你們聊一聊關於生活、關於哲學、關於你們的故事……

怡慧主任推薦書

《鈔寫浪漫——在這裡，世界與你相遇》（謝哲青／天下）

《逐夢計畫——35個點夢成真的一句話》（林義傑、柯文哲等／正中書局）

《愛的旅行四重奏——親子壯遊去！》（王玲慧、黃傑、黃茵／華成圖書）

《陪你去環島——一個父親送給兒子的畢業禮物》（盧蘇偉、盧蘇士／寶瓶）

《壯遊——30個感動青春的島嶼地圖》（王珮瑜等／教育部青年發展署）

《挪威的森林》（村上春樹／時報）

《變形記》（法蘭茲・卡夫卡／晨星）

《魯迅小說集》（楊澤編／洪範）

《人生是小小又大大的一條河》（劉墉／聯合文學）

《金色的馬鞍》（席慕蓉／印刻）

《少年台灣》（蔣勳／聯合文學）

【能力23：關於不放棄】

不求熱烈掌聲，只求別在孩子的需要上缺席

「你以為你是誰？你以為你能改變誰？別用前一次的假溫柔製作下一次的真背叛。」男孩以被激怒的口吻說著。

在秋霜楓紅的時節，我邊讀古薇爾的《街頭日記》，邊想起了你……這份工作帶給我最真切的改變是：不求他人熱情的掌聲，只求別在孩子的需要上缺席。

「你煩不煩，上課不上課，還要Q＆A，很幼稚耶！」

「講義發那麼多，是要砍死多少樹，誰會看呀！」

「你都幾歲了？還常放學後和學生混在一起聊天……」

明知道，不該為這些話磔傷自己的教學熱情，但幾次和他自討沒趣的互動後，開始對無的放矢的態度有些氣餒。

我自問：到底還要為他寫多少張勵志感人的卡片？還要忍受幾次被嘲諷冷笑的折騰？還要用多少笑臉去換取他無感冷漠的回應？

再一次的耐心探問

那天，長廊上擠著一群為班級榮譽聲嘶力竭地喊著加油的同學；跑道上錯次著為榮譽而揮汗馳騁的選手。你卻倚著柱子反翦雙手，冷眼看著熱情沸騰我們，逡巡而過的眼神是睥睨。

「你想加入我們，一起奔跑嗎？」

「你願意和我們一起笑笑鬧鬧嗎？」

「你可以說說你正想著什麼嗎？」

我話還沒說完，你就馬上打斷了我。

「你以為你是誰？別自以為誰能改變誰？別用前一次的假溫柔製作下一次的真背叛，快離開我的視線。」男孩以被激怒的口吻說著。

我不再說話，只有靜默地待在他身邊。這次沒有翻騰的情緒，反而是一份打從內心不斷擴散的難過與心疼。你雖一身桀驁不馴，還是期待人情的溫燦吧！

「如果可以，請告訴我：假溫暖、真背叛的例子是什麼？」我不死心地再探問。

「你還不走，還在問……很煩！」孩子的態度已經表現極端不耐煩的神色。

「你的一席話讓我想起一段陳年往事，心被觸動了，竟會有傷痛的感覺……」我噙著淚水，視線往操場再望，任憑感性氾濫，眼前竟模糊一片。

尋回孩子內心的溫度

孩子被潸潸而下的眼淚驚動了，開始手足無措了起來。

「你這樣，別人會以為我欺負老師……」他驚惶地說著。

「你會在意嗎？你不是對這種事……很無感？」我邊哽咽邊說話。

「你……是老師，怎麼可以那麼幼稚又愛哭？你不是要來輔導學生，照顧學生的大人，這樣愛哭是不及格的老師。你會被學校約談、辭退……可以不要哭嗎？」

他開始辭不達意地想安慰我。

孩子說話的眼神竟像個天使一樣單純，清澈閃亮。

「謝謝你的關心，你的接納與認同讓我從被你推拒排擠的世界，找到了志同道合的感覺，謝謝戰友！」我破涕為笑地說著。

「誰……是你戰友？不要……半路認朋友！」孩子說話的態度不像往日犀利，開始吞吞吐吐起來。

「你其實是個很友善、幽默、熱情的孩子，你的內心是有溫度的。你可以給我一個機會嗎？讓我可以陪你走一小段路，成為能傾聽說話的朋友。或許因為你而能變成更好的老師，你願意幫我嗎？」我望向他的眼神有不確定的忐忑。

男孩開始沉默，劍拔弩張的氛圍似乎漸漸消遁、隱去。

將自己正在讀的書送給孩子

默默地從背包拿出自己正在閱讀的書，往他手心一放。

「《從前有個笨小孩》這本書曾帶給我很大的感動，作家讓我發現苦難雖能斲傷我們的足脛，卻無法阻擋我們堅定前行的勇氣。希望你也能從若權大哥的經歷找到彷彿若有光的指引。或許，跌跌撞撞的自己反而有更大的力量改變人生。這本書就當成我們變成朋友的一件見面禮，好嗎？」

男孩望著我不發一語，不久後，轉過身，酷酷地拿起書向我揮手。

漸行漸遠的身影讓我感動莫名，孩子終於願意接受我了。

等那麼久，一本書幸運地讓我成為他的朋友了！

後來，開始閱讀和青少年有關的書籍，從《10—14歲青少年，你在想什麼？》發現這時期的孩子心思特別敏感、脆弱，會刻意用叛逆、不在乎的態度來避免自己受傷。封閉的循環反而讓他們和別人的心愈拉愈遠。或許**換個方式同理他們，就能慢慢走進孩子的世界與之溝通**。

而《祕密》這本書更讓我知道面對困挫不該選擇逃避，而忘記積極創造，正面行動的能量。改變現狀、改變想法，就能海闊天空、離苦得樂、美夢成真。

我不再用制式教材圈住孩子的學習視角；不再用分數侷限孩子的創意思考；不再用慣常的教學法框住孩子的想像空間。閱讀讓我更有自信與孩子溝通與說話，日漸成為他們願意好好說話的朋友。

「老師，你覺得成語『夸父追日』中的夸父愚蠢嗎？」

「過去，我可能會說：夸父追日是荒唐、不切實際的行動。但在簡媜〈問候天空〉中，我卻感覺到夸父追日的癡心與執著很動人，明知不可為而為的豪情很熾熱。閱讀崩解自己既定的價值觀，撼動了慣有的思考模式，自己變得愈來愈像青少年了。」我摸摸孩子的頭說著。

孩子主動找老師談心事

「你能支持我做一件夸父追日的事嗎？」男孩問我。

「你是不是有喜歡的女孩……最近上課總是不專心，眼光飄向三樓的窗戶就會有奇蹟嗎？該不會想學夸父付諸行動了吧！」我拍拍他的肩問著。

「孫悟空好像真的逃不過如來佛的掌心，我也逃不過老師細膩的觀察。師傅有什麼法寶想傳授給徒弟？」男孩以調侃的語氣說著。

「就給你一帖良方，叫《傲慢與偏見》吧！伊莉莎白與達西之間的對話和相處，或許可以提供男女愛情觀念的思辨，還有說話和人際關係的微妙關係。我的法寶就是請作家珍・奧斯汀替你來一堂醍醐灌頂的愛情課吧！」

男孩雖是伊人萍水相逢中驚鴻一瞥的過客，但希望《傲慢與偏見》能帶給他對愛情美麗風景的想像。

「老師，最近牛仔很忙，忙於應付同學五花八門的邀約，時間都不夠用……」男孩跑來辦公室問我。

「累乏的時候，就去書中找靜謐的自己吧！柯慈的《少年時》是我珍藏很久的書，現在把他轉送給你。作者雖以第三人稱的筆法來書寫，卻能爬梳過往青少年歲月的經歷，在自我認同和創作上，帶給我很大的共鳴與重新出發的能量哦！」我把《少年時》從書櫃上拿下來給他。

「吳若權說：有些往事看似不堪回首，是因為沒有足夠的溫柔和勇氣打開它。若能照顧好內在的小孩，讓他願意承擔更多的壓力，就能找回真正的自己。謝謝老師送給我的第二本書，我會珍惜的！」男孩再次把書放進包包，向我鞠了個躬離開了。

孩子呀！謝謝你的出現，讓我明白**寫作和閱讀是自我療癒最好的過程**。它讓我們留下歲月篩下的美麗，讓我們忘記紛紛擾擾的喧譁，原來，愛到深處無怨尤，不論友情、愛情、親情，所有的情分，都值得用閱讀與書寫的方式去包存它的溫度。

浪漫的秋季讓我想起一段閱讀與你的故事，最近我好喜歡《全世界最窮的總統爺爺來演講》，也正想把這本書送給已經畢業離校的你。

就請穆西卡爺爺用正直又誠實的身影，讓我們成為不被物質享受和欲望清單控制的智者，活出自由幸福的生活。

怡慧主任推薦書

《街頭日記》（古薇爾／親子天下）

《從前，有個笨小孩》（吳若權／天下）

《10—14歲青少年，你在想什麼？》（芮貝佳・伯格斯、瑪格・瓦戴爾／心靈工坊）

《祕密》（朗達・拜恩／方智）

《少年時》（柯慈／時報）

《傲慢與偏見》（珍・奧斯汀／漫遊者）

《全世界最窮的總統爺爺來演講！》（艸場よしみ／如何）

【能力24：關於突破】

從零開始，一萬小時的錘鍊

男孩大聲斥責：「老師已經不在那裡了，她已經不是圖書館主任了……現在她是教務主任！」

「老師，我的讀書心得可以幫忙修改一下嗎？明天就投稿截止了……」

「老師，小論文寫作需要的參考書籍，到底放在圖書館哪個書櫃？」

「老師，何時還會再組讀書會？何時還會再帶我們去聽演講？」

拴在師生手腕上的閱讀細線

學生習慣過去自己鮮明的圖書館主任角色，不只常跑到新辦公室來找我聊書，談閱讀這件事，還常常要我和他們一起去參加藝文活動。

這樣不經意出現的吉光片羽，對我而言，是忙亂生活中流瀉的小幸福。

孩子們不管我的身分是否已更換，手上是否有著許多的業務待推展（教師員額的計算、課程地圖的規劃、競爭型計畫的書寫、教師課程的調配……），從學生殷殷切切的眼神看來，那條拴在彼此手腕的閱讀細線，仍深情地連結著。

因此，我還是會把工作刻意暫停，甚至把時間空下來，跟著他們踅了一趟圖書館，回歸一次屬於彼此閱讀的甜美時光。

「還是習慣和老師在圖書館有陽光的角落，找到我們的老位置談心……」

「圖書館彷彿還有老師的身影與氣味；依稀還會聽見老師說書的聲音……」

男孩的當頭棒喝

女孩們悠悠地懷想著，男孩卻斥責她們說：「老師已經不在那裡了，你們可以放手讓她去過新生活嗎？她已經不是圖書館主任了……她現在是教務主任！」

男孩的聲音堅定又嚴肅，再次強調：「老師真的不在那裡了……」

女孩的眼神摻雜著遺憾和疑惑，怯生生地望向了我，突然也尷尬又無語凝噎了起來。

原本，掩飾得很好的離情別緒，竟然在心中翻起波濤巨浪來。

原來，我的心還是如此眷戀著過往的美好時光；原來，我的心還是一直沒有放下，因此無法瀟灑離開。所以，我才會一直在新工作卡關，一直在找過去的影子，沉溺在過往成功的經驗，不願意面對現實的殘酷與挑戰。

接受了新工作，就該勇敢地面對從零開始的淬鍊。當時，接受「將軍沒有選擇戰場的權利，只有勇敢受命的膽識」的想法，決意要盡情為伯樂馳騁，回報過往長官栽培之情、知遇之恩，就不該在新舊工作中猶豫不決、裹足不前。

是因為自己輕忽這份工作的壓力與責任嗎？還是自詡過去自己身經百戰，早已做好準備？在一次又一次的刀光劍影中，照見自己的無能為力；在人情冷暖的經歷中，感知世態炎涼的現實，原來，面對從頭開始的新工作，我還是不堪一擊的溫室花朵。

好幾次，我懦弱地不願意面對這些讓美好世界崩解的人與事，我生氣地不願意再相信他們值得我用真心相待，彼此會有善意流轉的可能。所以，我懷念過去的甜美時光，甚至不斷地追問自己：過去井然有序的歲月，到底跑去哪裡了？我到底為何要忍受天天上演的虛假人情戲碼？我還要耗盡多少正能量，才能讓新工作上軌道？

直到男孩說出了當頭棒喝的真話，讓我深切地反省了自己，開始認清自己的角色和定位。我一定要打破過去的光環，走出過去的世界，重新做起、重新修練。

再累積下個一萬小時

人的一生，都在接受命運的安排、考驗，每一段起伏跌宕的旅程都在追尋著自己存在的意義。一如小野所說：「雖然這個世界少了你，地球照常運轉，人們照樣生氣蓬勃、行禮如儀；但這世界多了你，一定存在了某種意義。」

當天夜晚，我再次閱讀麥爾坎．葛拉威爾《異數》，終於大澈大悟了：真正的專精，是必須經過一萬個小時的鍾鍊和累積的功夫。

過去我自恃的專業，也是歷經每天比別人多努力三個小時，連續十年而成。因此，我若想要在目前這個領域或工作做出成績，還是要重新歷經這一萬個小時的努力，就像書中提到的成功者——比爾．蓋茲、披頭四、莫札特，每個人的成功都歷經一萬小時的鍾鍊，甚至更多，無一例外。

如果，我能把推動閱讀盡力而為、全力以赴的精神，放在教務工作上，我是不是可以照顧到更多的師生？只要我能天天投入更多的時間，必能覺察出教務工作讓人興味盎然的地方，也激發自己對這份工作的熱情，從中培養出自己在教務工作上專業、多元、創新的能力。

或許，上天希望透過讓我轉換工作跑道的方式，有機會再累積下一個一萬小時的能量，即使目前要歷經憂傷、痛苦的煎熬，未來，這些故事再次回想起都會變得更動人、更有意義的。

展開每天的夜讀

從那天開始，我展開了每天夜讀的生活。原來，離開慣常的舒適圈，不確定的恐懼開始喧鬧了自己的思緒。因此，企圖用閱讀再次改造自己的心靈。如果，我能在困頓的環境中，不斷用閱讀來叩問自己，我是不是能向世人證明終身閱讀的重要？如果，我能成功地闖過這一關，我是不是有更多的經驗值來解決生命的不安，快速地讓自己在眾聲喧譁中安靜下來。

楊錦郁《好時光》的文字，讓我找到書寫與閱讀是記錄記憶、釋放情緒最重要的方式，也是我可以學習的一種生命情韻。

「記得自己為什麼走上台，既然上去了，不要怕。怕，你就會輸一輩子。」既然選擇了，就要好好地做，認真地做，即便要歷經斲傷足脛的痛苦滋味，也要堅定地好好地向前走，這就是我從一次又一次的夜讀中，找到的真實力量。

如果，現在你和我一樣有些煩亂，閱讀會帶著你行旅一方靜謐又自由的國度；如果現在的你和我一樣有些倦累，閱讀也會提供你想像人生另類的選擇。

因此，我在閱讀《不在他方》時，體現到陳綺貞從歌手跨界到作家的力量，就是閱讀。

陳綺貞清新自然的文字，常讓自己在閱讀的時光流轉著一份悠揚雋永的情韻。鼓勵她書寫的是自己的恩師陳芳明老師。再回首，過去陳老師也是用閱讀的方式鼓勵我們，閱讀再閱讀，書寫再書寫，就能找到成功地越過生命幽谷，重新躍起的力量。

一名專業歌手跨界到作家的力量是閱讀，陳綺貞從不刻意勉強自己成為主流，卻能在樂壇占有一席之地，那份真誠澄淨的書寫特質，是讓人百看（聽）不厭的原因吧！如今，我從閱讀跨界到教務工作，有著和她相似的生命經歷。

閱讀著她的文字，讓目前的我也找到一種被理解的溫暖，一份被撫慰的同理。書中敘述的某些畫面，好像有幾處也曾出現在自己的生命場景中，相互輝映。

八年前，因為閱讀而找到一夫當關，萬夫莫敵的自己，現在，我應該更沒有包袱地相信閱讀，可以再一次帶給我另一段奇幻之旅，證明閱讀是我此生最重要的事，也是我一輩子的信仰。

怡慧主任推薦書

《星星都已經到齊了》（張曉風／九歌）

《異數——超凡與平凡的界線在哪裡？》（麥爾坎．葛拉威爾／時報）

《好時光》（楊錦郁／九歌）

《不在他方》（陳綺貞／印刻）

《生命清單》（羅莉．奈爾森．史皮曼／悅知）

《我敢在你懷裡孤獨》（劉若英／寫樂）

【能力25：關於溫暖】

即使是孩子，也能付出關心

「老師，別哭，我會心疼。」「老師，盡力就好，不要難過……」孩子們的體貼與安慰，溫暖了我的心。

「全國作文比賽結果出來了嗎？」

「你是不是變成全國第一……」

「老師，別賣關子了，快告訴我們……」

學生們各個神情歡愉地擠到我身邊，有人調皮地用手戳著我的臂膀；有人故意扮鬼臉向我示意。

大人也會失敗

我要怎麼和孩子說自己失敗了，要怎麼面對他們對我期待萬分的心情。望著孩子們，想說點什麼，卻如鯁在喉、難發一語。

名落孫山的我像辜負家人企盼的落難書生，只能心虛地吸一口氣說：「對不起，老師沒有得名；對不起，老師沒有完成使命……」

孩子被這突如其來的回答震懾住了，彷彿感染到這份淡淡憂傷，陷入更靜默的一片死寂。

一向堅強如山的我，總是一副天塌下來，我會扛得穩重；一向優雅輕鬆的我，總是好整以暇地從容，如今卻像折翼的可憐鳥兒，顯得有些恓惶落寞。

「老師，別哭，我會心疼。」

「老師，盡力就好，不要難過……」

「老師，即使失去冠軍，你還有我們！」

「在我心目中，老師永遠是第一……」

他們彷彿一夕長大了，面對我的困窘，他們突然體貼起來了，接二連三的加油打氣聲，讓我也幸福起來了。

原來，失敗是如此可怕的情緒。它能輕易地攫住了一個堅強的靈魂，讓人有種喘不過氣來的狼狽。原來，失敗是如此難以跨越的心境，因為特別在乎，所以心難免會隱隱作痛。

孩子們的陪伴

「老師知道要用什麼心境來調適失敗，只要，你們別嫌棄我，可以陪我去外面曬曬太陽、散散步，我很快就會忘記失敗的陰霾，找回自信的自己。」我像個小孩涎著臉望向他們。

「走吧！走吧！」孩子們拉著我的手往外衝。

「老師，加油！人總要學著自己長大。**很多時候，因為得失心而失常；因為運氣不好而失敗。但是，那個很勇敢去挑戰、去奮戰的自己，還是很值得鼓勵的**，是不是？我們是不是該給老師一個掌聲，總是願意接受許多挑戰，不管成功或失敗，永遠願意去嘗試……」女孩語帶溫柔地說著。

聽著聽著自己眼眶也紅了起來，眼淚汩汩流下，此刻好像滌淨了自己失敗的狼狽，惴惴不安的心也平靜下來了。

孩子們沒再多說話，就靜靜地陪著我走著，一段夕陽西下的溫暖時光，讓我體會到一份來自學生真摯的關心和難以言說的幸福。

《荒人手記》曾說：「時間是不可逆的，生命是不可逆的，然則書寫的時候，一切不可逆者皆可逆。」書寫頂住遺忘；書寫銘刻日常，剛開始，面對失敗的痛徹心扉，漸漸地也變得雲淡風輕起來。爾後的幾日，我置身於閱讀和書寫的歲月，尋回靜謐淡然的心境。甚至，也該感謝這次失敗的經歷，讓幾個遭遇與我相仿的孩子，在這份同是天涯淪落人的情感基石上，受傷的靈魂被撫慰了，也讓我們在未來的路上走得更近了。

孩子們送老師的一本書

「老師，等一下有空嗎？我們有事想找你……」看著孩子們欲言又止的模樣，十分可愛。

我和他們在校園中的階梯坐了下來。

「老師，我想送你一本書《出去闖！擁抱世界級夢想》，作者艾兒莎的圓夢方程式就是教我們：不可以浪費失敗的經歷。真心希望老師能再一次挑戰國賽，勇敢書塞在我手上。

地圖夢。別忘了，失敗是喚回下一次成功的機會。」女孩拿出了自己在圖書館借的

「老師，我選的書是《那時候，我只剩下勇敢》，雪兒・史翠德願意走進世界的荒境，想靠自己走出人生荒蕪的原因是想藉由一趟喚醒自己的旅程，讓她能繼續一直往前走。在太平洋屋脊的步道，雪兒坦然面對心碎，接受一無所有的勇氣，是我想帶給老師的力量。希望老師能繼續用文字改變我們，不要因為失敗就不再書寫了，好嗎？」女孩溫暖地說完，把裝書的紙袋掛在我手腕上。

「上次月考考很差，媽媽幫我在書店找到《成功不是靠奇蹟，是靠累積》來鼓勵我。戴晨志的文字很勵志，讓我突然懂得轉念，面對失敗，就是不能被打敗。所以，我把書中四個祕訣：突破困境、激發潛能、正面樂觀、情緒控管，和老師分享，請老師繼續累積實力，一定能邁向成功的。」男孩拍拍我的肩膀說著。

「我知道老師喜歡看電影，所以我想推薦《那些電影教我的事》。一對平凡夫妻，靠著愛看電影，累積超多粉絲的。老師不是也喜歡看電影，更相信閱讀，請老師放下過去，把握現在，期盼未來。」男孩害羞地把寫著書名的紙條拿給我，再向我比個再加油的手勢。

「我最崇拜歐普拉，所以我想把《關於人生，我確實知道……歐普拉的生命智慧》這本書借給老師閱讀。歐普拉一路掙扎過許多經歷，走過、哭過、逃避過，繞

了一圈又回到原點的人生，只好從與自己和解開始，懂得笑看一切，活出自信。老師遇到挫折了，唯一能陪伴你療癒過去傷痛的人就是自己。希望老師和歐普拉一樣影響更多的人。」

男孩把書交給我後，還千叮萬囑地要我閱讀完，一定要物歸原主。

很「值得」的失敗

「傻瓜，老師的人生不會因為得第一而變得更好，也不會因為失去得第一而變得更壞。如今，卻因為失敗而意外地得到許多驚喜和幸福，這個失敗真的很值得。」我感動地說著。

曾經很喜歡泰戈爾在《飛鳥集》中所說：「生如夏花之燦爛，死如秋葉之靜美。」現在的我反而相信：當你對這個世界付出什麼，就會從這個世界得到什麼。謝謝孩子提醒我，當我失去一切時，還有閱讀陪著我，還有孩子們伴著我。

在春日熱鬧的時光，可以讀余秋雨的《山居筆記》找一份閒適；在夏日瀰漫暑意的歲月，可以讀梭羅的《湖濱散記》尋一份沁涼。在秋日蒼茫的流光，我特別喜歡鍾理和的《原鄉人》、鍾肇政《魯冰花》，面對無常逆襲的豁達更顯得動人。在冬日靜寂的時刻，我特別喜歡閱讀《小王子》，讓蘊藏底心的真誠與純真能重現，遇見一個更真實坦率的自己。

一次失敗的生命經驗，卻能因孩子們的愛與體貼，讓我能閱讀著他們的喜歡，在悲歡離合的文字中，再次找到閱讀熨燙生命情境的靜美與安適。

即使是漂泊，即便是苦難，噙著淚水，也能幸運地和作者與孩子們在同喜同悲的情緒中，慢慢醞釀出生命的感動，相互應和。此刻，我深深相信：當我們失去一切時，至少還有閱讀陪著我們。

怡慧主任推薦書

《出去闖！擁抱世界級夢想——27歲CEO的圓夢方程式》（艾兒莎／方智）

《那時候，我只剩下勇敢》（雪兒．史翠德／臉譜）

《成功不是靠奇蹟，是靠累積》（戴晨志／圓神）

《那些電影教我的事——那些一個人的事、兩個人的事，關乎人生的100件事》（水尢、水某／商周）

能力25：關於溫暖

《關於人生，我確實知道……歐普拉的生命智慧》（歐普拉／天下）
《飛鳥集》（泰戈爾／桂冠）
《山居筆記》（余秋雨／爾雅）
《湖濱散記》（梭羅／高寶）
《鍾理和全集》（鍾理和／高雄文化中心）
《魯冰花》（鍾肇政／風雲時代）
《小王子》（安東尼·聖修伯里／漫遊者）

【能力26：關於旅行】

當我們軟弱時，就旅行吧！

每一本書、每一次旅行，都有可能會讓孩子蛻變。

那天朋友生日，不只因公務纏身而耽誤，途中還被一場驟雨淋成落湯雞。最後以一身狼狽與落魄抵達好友的聚會。

朋友們瞧見我走進餐館，棲棲遑遑的神色和眼底的幾抹憔悴，有人急著拿條小毛巾叮囑我快擦乾身子，有人忙著要餐館把冷氣溫度提高些，以免讓我因淋濕而感冒，他們沒有一點埋怨或不悅，連責備的話語也沒說。

有了知己善意的同理與照顧，加上館內輕柔的音樂聲讓緊繃的神經，舒緩放鬆了下來。

「怡慧那麼忙，還能參加我們的聚會，真的很開心。」壽星嘴角微彎地說。

「這是送你的驚喜：柿柿如意琉璃組，還加碼兩本書！」我開心地把生日禮物遞給壽星。

「哇！我們剛剛都在猜：這次你會挑哪本書當生日禮物？哪位大師是怡慧挑選來指引我人生方向的……」壽星慧黠地說著。

「不要調侃我啦！把自己最喜歡的書分享給你們是我最快樂的事，買書、送書有時候是心情——隨緣，沒有你們說的那麼誇張。不過，最近很喜歡這兩本書：《海岸山脈的瑞士人》、《公東的教堂》。所以，也幫快生日的你買了一套。

「這兩本書讓我知道若能為孩子點盞燈，照亮他的人生之途，何其榮耀？一群三、四十歲的外國傳教士，毅然決然揮別故鄉，飄洋過海來到台灣，在陌生的島嶼付出、深耕，不只建教堂、醫院，還興辦學校——公東高工。瑞士白冷會在後山服務超過五十年，其中有許多感人又美麗的故事。你是虔誠的天主教徒，應該會很喜歡這兩本書的。每次閱讀時，我都會想起你們的身影，總覺得某本書很適合你們，不自覺地把一本本好書和你們連結起來，然後就開始買買買，買來與大家分享。」

我不好意思地說著。

「這兩本書的確是很棒的書，它讓我知道在台灣第一道曙光乍現的土地上，有人堅持學生必須擁有一技之長的理念，把教育資源落實貧脊的東部，用一甲子的時間，書寫用愛與付出，來開發孩子的潛能，翻轉孩子生命的故事……」另一個朋友一邊說著，眼神流露出心有戚戚焉的共鳴。

心有靈犀地撞書

「你怎麼會知道那麼多關於書裡的訊息？難道……」我驚訝地問著。

「每次看你FB動態，除了閱讀還是閱讀，我有發現你特別喜歡關於愛與教育的書，不只會愛不釋手拚命閱讀，還會不厭其煩地推薦給我們看。剛剛在書店，也覺得《公東的教堂》很適合你。結果，我們心有靈犀地撞書了，竟然選了同一本書送給彼此，真有默契……」朋友感性地說著，還把書拿出來送我。

「天呀！你們對我也太好了吧！我不是壽星，也有禮物喔！」我感動地說。

「如果，每個人都像你們愛讀書，也能從書中找到一顆柔軟心，世間皆是圓滿事。」朋友也加入話題，有感而發地說。

適合中學生閱讀的書

「每個地方都可以看見魔鬼的影子，只有勇敢面對它，才有可能發現來自後方天堂的微光。這是一位替代役男到非洲服役寫的書，有時間可以推薦給高中生讀讀。」在醫院工作的朋友用手機把《來自天堂的微光》的書訊照片傳給我。

「中學生最需要大量閱讀了，那是一個價值思辨的年紀，有好書支持他們思考，或許能讓他們成為更溫暖的人。幸好，喜愛閱讀的你們常常推薦我許多好書，讓我可以推薦給孩子們……」我感恩地說著。

「怡慧，如果有機會，也可以和學生聊聊《革命前夕的摩托車之旅》這本書喔！我發現這一代的孩子，常為了旅行而旅行。如果，他們可以從一趟旅途中找到對生命熱情與純真的追尋，這趟旅程就是替台灣培養另一個切・格瓦拉。每個年輕生命的一次壯遊，就是一次夢想成真的旅程。一如謝旺霖的《轉山》是受到《阿拉斯加之死》的影響，才會有一次如此動人的啟程與回歸。每一本書、每一次旅行，都有可能會讓孩子一夕長大。」一向沉默的朋友也因為閱讀而侃侃而談了起來。

「說起旅行，絕對要推薦鍾文音的旅遊書。鍾文音以半居遊的方式，與當地居民互動，不只是單純的觀光客而已，而是一個善用緩慢步調來認識每個城市，進而了解自己內在的異鄉人。誠摯推薦《在河左岸》、《愛別離》兩本很棒的好書。」

朋友認真地分享起來

「我喜歡蔣勳《捨得，捨不得》。年輕時總以為自己明白無常，懂得放下，直到生老病死無聲無息地逆襲，才知道捨得是人生最難修行的功夫。我目前也在學習著，修練著，也漸漸地體會到明天與死亡不知何者會先到，唯有把握當下，才能為此生做最好的安排。」朋友坦率地說出這份感受，讓在場的我們也體會頗多。

關懷和陪伴，是光

回到學校後，我把這份聚會的感動與經驗和孩子們分享，希望他們有機會可以放膽地、認真地去規劃一次旅行；希望他們打開五感去傾聽歲月的跫音，去擷取小時光中最愜意的那一段。就像吳若權在《每一次出發，都在找回自己》所說：「每一顆渴望漂泊的心，都有一生期盼靠岸的靈魂。然而，不停地向外出走，頂多只能追求心智的成長；要學著往內在邁進，才會真正獲得心靈的成熟。」

或許，身為師者，沒辦法馬上解孩子人生所有的疑惑，但是關懷和陪伴，或許能讓他們願意勇敢承擔，找到善良前進的那道曙光。

那道光就像晨曦乍然從葉與葉間的罅縫，燦爛大氣地灑在髮梢、肩頭、心扉，是感動；滿身的縷縷金陽與陣陣芳馨拂向生命，是感動；霎時被觸動天下有大美而不言的心緒，是感動。有了美的覺醒，我們就是世間最幸運的人，有能力嘗受了每個季節最浪漫的香醇。

孩子們：當我們軟弱的時候，告訴自己去走一趟閱讀之旅吧！閱讀可以讓我勇敢地克服恐懼、面對黑暗，找到微亮的方向。

閱讀信仰一直帶給我如此大的力量，一如我堅信《海岸山脈的瑞士人》所說：「臺灣是世界上最美麗的地方」，同樣的，閱讀也是老師在台灣遇見最美麗的風景。期待我們一起來行旅、一起來遊覽、一起來書寫我們的閱讀故事。

怡慧主任推薦書

- 《海岸山脈的瑞士人》（范毅舜／積木）
- 《公東的教堂》（范毅舜／本事）
- 《來自天堂的微光》（阿布／遠流）
- 《革命前夕的摩托車之旅》（切．格瓦拉／大塊）
- 《轉山》（謝旺霖／遠流）

《阿拉斯加之死》（強・克拉庫爾／天下）
《在河左岸》（鍾文音／大田）
《愛別離》（鍾文音／大田）
《捨得，捨不得》（蔣勳／有鹿）
《每一次出發，都在找回自己》（吳若權／皇冠）

【能力27：關於和解】

淚水既苦又澀……父親那年為我寫下的暑假作業

父親的話，讓我縛了二十多年的心結，解開了……我第一次用力地擁抱了他，一句話也沒有說，就是一直流著淚。

「放暑假了，放暑假了……Oh，YA！」孩子們此起彼落又快意的嘶吼聲，彷彿是揮別漫長學習壓力的解放儀式。

從小學到大學，直到研究所畢業，暑假年年歲歲地更迭著。

我們期待學生們能趁著假期好好充電，找到一個熱愛生活、喜歡學習的自己；更希冀在假期結束後，看見學生們以蓄勢待發的姿態來奔向新學期的學習，並和我們抖擻地打招呼。

只是，孩子常是天天睡到自然醒，打LOL打到三餐不繼、六親不認。這樣的暑期生活，多令人沮喪。

沒有暑假作業的暑假

今年，我只想告訴學生：

今年沒有暑假作業，好好過日子去吧！老師也要去寫我的暑假作業了……

孩子們，老師想用這篇文章與你們分享：暑假作業對於我的意義為何，而你們又該如何為自己寫暑假作業……

小學時期的我，一放暑假就直奔阿公阿嬤家。竹山的夏天有清風、燦陽、雷陣雨。每個氣候的遞嬗，都讓孩子們玩野了。我尤愛與阿公共騎野狼125駛在田間小道的時刻，黃昏餘暉灑滿回家的路途，是何等浪漫的事。

在鄉下看戲的經驗，是暑假尤為特別的生活紀錄！廟宇前的空地，因應節日或慶典安排歌仔戲、布袋戲的演出，偶爾還有國、台語電影加碼播放。

看電影對鄉下孩子是可遇不可求的奢侈享受。八〇年代的竹山鎮並沒有大型的電影院，看電影是摩登都市才會有的時髦消遣。我看著黑白電影想像台灣五〇年代的純樸生活；看著彩色電影想像台北城的繁華。尤其，可以涎著臉向阿公阿嬤要點零用錢，買個糖葫蘆、棉花糖來解饞，真是天底下最奢華的享受了。

童年看戲、看電影的體驗，大大震撼了我，也改變了我。原來，我所知道的世界是如此狹隘與渺小。爾後，我得要拚命地讀書，未來已要到大城市去見見世面，為自己的人生織就一段錦麗的未來。

知識是看見更寬廣世界的跳板

中學時代的六年暑假，我幾乎和課本上的知識奮戰著。年年在圖書館中的小小書桌度過。我不喊苦，也不說累，我知道那將是看見更寬廣世界的一個跳板，不管多孤獨難受，我都要熬過去。

直至大學時期，我的暑假作業寫得熱情奔放、多采多姿了起來。暑假早已不再是複製了多少的知識，完成了多少張考卷的世界。我也開始思考：自己可以為這個社會做些什麼？

我沒有答應和同學去阿里山看日出；也沒有跟隨朋友去墾丁浮潛，我聽見心裡的鼓音，呼喚著我和學長姊到偏鄉去陪學童們讀書，也返回林內參加愛鄉服務隊。

我知道選擇這種形式的暑假作業，不是想沽名釣譽。而是我的心，有一種因年輕澆也澆不熄的熱血，即便當時的我什麼都沒有，卻一股腦兒想替身邊的人做點什麼。

那是童年在阿公阿嬤家，就埋下的種子。歷經了幾個年歲，它發芽了……

夏日偏鄉營隊的生活，我為孩子念童謠直至他們酣然睡去；我在三更半夜爬起來做教具，只希望課室更活潑；趁著課餘，為孩子編著一條又一條的手環，想讓他們帶回家當結業禮物。

未來，我可能沒有機會再和學長姊來這裡，我奮力地想證明自己真正愛過這些孩子，五天的營隊生活將會是彼此生命最特別又重要的暑假作業。

父親遲來的告白

大學最後一年的暑假，我答應陪父親回到故鄉長住。

那是一塊陌生卻吸引我的母土，只是父親從未帶過我返鄉。

他是威嚴寡言、我行我素的人，極少在家的他，很難能讓我想主動親近。

這二十多年來，我對他總保持一種客氣的距離，我不知道自己為何要畫出這樣的距離來？明明身體流著他的血液，卻又常被他的一舉一動惱怒得想一走了之。

「你一直在生氣爸爸，因為我常犯錯，不像你媽媽一直是你的典範，但阿爸一直很以你為榮，我不時告訴朋友，我是歹竹出好筍……」父親雲淡風輕地說著，眼角泛著淚水。

父親遲來的告白，讓我震撼又吃驚。血脈相連的我們，怎會有走不出的情緒呢？但，倔強的我還是固執地不願意給父親一個和解的答案。

接下來的幾天，他陪我晨起閱讀、做教具，我會在他要求時，沉默地陪他在海濱散步吹風，聽著他聊聊自己的童年，幾段重要的人生故事。

我專心地聽著，在心裡溫柔地理解了他。幾次望見他的淚水，我轉過身，不知該如何是好，因為我還沒有準備好要怎樣當個父親的好女兒。

為什麼？我可以給陌生人那麼多的愛，我可以對別人加諸在我身上的不是，給予最大的寬容與忍耐，我卻對自己親愛的父親如此冷漠與決絕，我到底是怎麼了？

「你是不是還在生我的氣？生氣我過去做ㄟ代誌……我很抱歉，不知道這些事會帶給你這麼大的痛苦，在你的生活留下傷痕，讓你過得不快樂，真正很歹勢……」父親的話，讓我縛了二十多年的心結，解開了；那鎖在箱篋中對父親的愛，也傾瀉而出……

我第一次用力地擁抱了他，一句話也沒有說，就是一直流著淚。我的淚水好苦、好鹹，也澀，希望父親與我的不愉快都隨海風而逝去吧！

我們有時間可以重新開始的……

後青春期的暑假作業

今年替學生們發想暑假作業時，突然又想起這幾段往事。

當我們正逼著孩子完成暑假作業時，成年後的我們，是不是也該替自己的人生設計一份屬於自己的暑假作業呢？

我想再回竹山一次，好好閱讀這片母土的風景與熟悉的味道，重新複習家人間交流的溫度，找回過去在鄉間奔跑的老朋友們，再次體會坐在月夜下契闊談讌的親暱。

寫個訊息給當年在雲林文化中心K書的老朋友。這次，我們不為K書而相聚，只為回到過去承載過我們夢想的書桌上，享受一次為自己閱讀的快樂。

寫封信給那群一起同甘共苦到偏鄉服務的夥伴。我們可以再一次體驗年輕冒險、追夢的那趟旅途嗎？可以再說一次，渺小的我們未來可以為台灣再多做些什麼的誓言嗎？

如果，今年你還沒有開始寫你的暑假作業，那麼，我邀請大家一起熱血地完成屬於我們後青春期的暑假作業吧……

怡慧主任推薦書

- 《緩慢．台東．旅》（蕭裕奇／玉山社）
- 《少年綠皮書——我們的島嶼旅行》（劉克襄／玉山社）
- 《台南的樣子》（王美霞／有鹿）
- 《陪你去環島——一個父親送給兒子的畢業禮物》（盧蘇偉、盧蘇士／寶瓶）
- 《給長耳兔的36封信——成長進行式》（李崇建／寶瓶）
- 《放學了！14個作家的妙童年》（朱天心、張曉風、廖玉蕙、簡媜等／國語日報）
- 《林良爺爺寫童年》（林良／幼獅）
- 《琦君說童年》（琦君／三民）

第三部

怡慧主任的閱讀提醒

快樂、有趣的文學課（上）

「為什麼上課要睡覺、說話？」我問。
「念國文很煩，都要背，無聊！」學生答。

「有些事不是看到希望才全力以赴的，是全力以赴後，才看得見希望的火花正燃起。」

要這個世代的孩子心甘情願地讀書、默書，簡直是夸父追日的癡心妄想。國文課要成為孩子心目中首選學科，簡直是挑戰湯姆・克魯斯不可能的任務。

當年坐在台下，靜靜地仰望老師站在講台的身影，為我們清唱一闋〈水調歌頭〉時，內心激動澎湃著；雖不知世事悲歡離合有多椎心，仍隨著曲調起伏陶然於音韻之中。側耳傾聽著老師以輕靈的聲韻為我們吟詠一首〈蒹葭〉時，有一種伊人在水一方，等待自己回家的繾綣情懷。

我在文學的課室好像行旅作家生命的山之巔、水之湄，進而找到年輕生命一處安身立命的愉悅。

老師必須十八般武藝俱全？

如今，我想傳承這把文學之火，一份想點燃莘莘學子對語文課熱情的期待，讓我昂首地站在講台上。只是，我的孩子是否對國文課，和我一樣有著情有獨鍾的憧憬？還是，這世代對文學已是相看兩厭的不如歸去？

同事常感慨著，在這樣的世道擔任教職，真有此一時，彼一時的喟嘆。老師的地位不只大不如前，還要像綜藝節目主持人似地在課堂說、學、逗、唱樣樣俱備，十八般武藝樣樣俱全。

舉凡學習共同體、合作學習、提問教學、資訊融入多媒體、開放教室、心智圖、生命教育、環境教育……教師不只要有設計課程的創意，還要有堅持下去的體力；不只要有張不會老的娃娃臉，還要有天生的明星魅力，讓學生天天在課堂認真買單，時時保持充沛戰鬥力，記得這一堂語文課有多令人神采飛揚，心嚮往之。

這些話語聽來或許有些洩氣，但也是教育現場的實況。熱情老師得面對許多突如其來的挑戰。不過，我常想：危機就是轉機，有改變就有機會，而且資訊時代的來臨會讓教學愈變愈好，只要我們願意與時俱進地自我成長。

用遊戲的方式，啟發對文學的興趣

或許，學生對老師言聽計從的年代就像犀利人妻所說的：回不去了……

但是，**用閱讀打開孩子對文字純美的想像，卻能重現文學課的價值，只因這是生命親身經歷過的美好**。

「為什麼上課要睡覺、說話？」老師問。

「念國文很煩，都要背，無聊！」學生答。

「為什麼要在手寫題繳白卷？」老師又問。

「沒空猜，不想寫，浪費時間……」學生又答。

那天，我聽見學生用這樣的態度回話，震懾，也難過到說不出話來。

或許那是個特例，也或許未來會變成個通例。是我們的孩子變了？還是文學課的本質變了？是社會進步後，資訊時代已進步到讓文學無用了？

在現代孩子的心目中，語文老師形象到底是什麼，這句話不時在我心中浮現，不時叩問著我的感知。

是貪戀與孩子在同一個句讀篇章中找到靈犀流轉的暢快？還是期待一堂語文課可以扭轉他們對夢想的追尋的熱情？抑或是癡心妄想著要承襲孔子的道統，實踐到韓愈，傳道、授業、解惑的偉大航道？

某日，我正讀到庖丁解牛的典故，突然聯想到：如果我的文學課能像庖丁一樣游刃有餘，不僅能旁徵博引出有趣的閱讀篇章，也能用遊戲的方式引導他們知識活化，文學的春天是否會提前抵達呢？

那就先抛開教授傳統文學的框架，把閱讀就是生活，生活就是閱讀的特質在課堂展現出來。

用網路流行的文字作開場

在上課前，我試著用網路流行的文字來作開場：

在對的時間遇見對的人是幸福；

在對的時間遇見錯的人是心傷；
在錯的時間遇見對的人是遺憾；
在錯的時間遇見錯的人是荒唐。

「老師，這些話都是我們在FB狂傳的po文，只是這和你的國文課──李白〈長干行〉的課程有什麼相關？」男孩雖覺莞爾，仍充滿疑惑地問著。

「老師認為這些句子對愛情的詮釋很傳神到味，尤其，有的句子還把長干行商婦與男主角的愛情描摹得很栩栩如生呢！」我試著用不同的口氣來分享自己的改變。

孩子們如數家珍

「不知道在你們看過的電影或讀過的小說中，有出現過四種句子的愛情場景嗎？」我希望這樣的引導能擴展語文課的視界。

「天呀！遺憾兩個字一映入眼簾後，竟浮現張愛玲在《傾城之戀》的幾段文字。慢慢地，電影《滾滾紅塵》的影像，也晃進記憶中。張愛玲和胡蘭成想過歲月靜好、現世安穩卻不可得的遺憾，不就是在錯的時間遇見對的人是遺憾嗎？張派書寫足見在我心底刻畫得挺深刻的呀！其他的答案就留給別人說吧！」女孩一馬當先地回答了。

「在對的時間遇見對的人，不就是所有愛情小說、電影的基調嗎？太多了啦！電影《羅馬假期》、《西雅圖夜未眠》夠經典了吧！《小婦人》、《理性與感性》都是我喜歡的愛情呈現方式。」另一個女孩也舉手回答了。

「我覺得愛情悲劇都是在錯的時間遇見對的人耶！從梁祝到羅密歐與茱麗葉……錯的時間遇見對的人，就是只能當朋友，不能當愛人的怨偶，就像我和前女友因陌生而相愛，因熟悉而分開。」男孩一連串的嘆息，惹來同學同情的打氣聲。

「在錯的時間遇見錯的人，就是一份無緣的愛，根本就是連相見都不需要的感情。小說或電影中的男二或女二常常扮演的角色，就是在錯的時間陪別人走一段錯的感情路呀！像《婉君》、《一顆紅豆》、《一簾幽夢》……這系列都算。」一名女生突然說出同學很陌生，而我很熟悉的小說名稱來，讓我聽得喜出望外。

「老師，看你點頭如搗蒜，就知道你是瓊瑤阿姨那個時代的人。我們真的沒聽過什麼《婉君》、《一顆紅豆》、綠豆的……」男孩一說完，大家笑到東倒西歪的。

那份與文學相遇、相合的快樂，也只有睜開了閱讀的眼、打開了閱讀的耳、敞開了閱讀的心，才能體會閱讀的幸福不用外求，藏諸於心，將取之不盡，用之不竭。原來，讓課室風景變得美麗的方法是閱讀。閱讀，讓課室專業化、文學生活化，這樣的語文課好像找回我們親近文學的初衷。

怡慧主任推薦書

《羅密歐與朱麗葉》（中英對照本）（梁實秋譯／遠東）

《此物最相思——古典詩詞的愛情體驗》（張曼娟／麥田）

《陪你讀的書——從經典到生活的42則私房書單》（凌性傑／麥田）

《一個人的快樂，兩個人的幸福——朵朵愛情小語》（朵朵／皇冠）

《在怦然之後——關於愛情的16堂課》（程威銓／台大愛情研究團隊／大真文化）

快樂、有趣的文學課（下）

語文課不再硬邦邦、死板板，只要透過閱讀加以轉化，竟可以如此快樂、有用又有趣。

「老師把大家曾讀過或補充過的詩詞整理出來，不知道你們有沒有辦法用自己的觀點，來把這些詩用上次的四個愛情觀點做分類？」我語帶期待地問著他們。

有了上次快樂上文學課的經驗，孩子開始期待這樣的文學派對。他們可以在自己的文學想像中，穿梭尋找，然後，主動尋求一種對文學的想像，帶來課室風景的改變。閱讀讓文學回歸心靈的原鄉，走出Ａ、Ｂ、Ｃ、Ｄ的框架。文學的華麗派對，原來就是閱讀的華爾滋、探戈……

孩子開始把手邊的資料，認真扎實地讀了起來。從他們的表情，我知道每個人都想試著靠自己，把正確的文學答案爬梳而出。

教室是如此安靜，孩子卻是如此專注，震撼著我的文學生命力正在空間竄動著，萌發著。猛一抬頭，竟邂逅孩子們在找到答案後綻放的笑容。

那是一種志趣相投的火花激盪，我們在文學的世界逐漸找到那道喜悅之光。

孩子們令人驚喜的反饋

「老師，我知道了。我準備好了，要搶答最簡單的幸福題。〈長干行〉中兩小無嫌猜證明了兩人從小心心相印，是在對的時間遇見對的人。『十四為君婦，羞顏未嘗開。低頭向暗壁，千喚不一回。』這四句話太sweet了吧！我彷彿嗅到一種天雷勾動地火的氣氛，這就是典型的幸福就在身邊呀！」男孩自告奮勇的答案，引起同儕紛紛拍肩鼓掌地說著幸福、幸福的歡呼聲。

「換我，換我！告訴大家答案前，我先來唱個〈傷心酒店〉暖場好了。」男孩有些調皮，不過，大家的吐槽聲，讓他馬上正襟危坐地回答起來。

「好啦！你們一點想像力都沒有，我是在引導大家換個方式思考答案。上次月考不是考過鄭愁予的〈錯誤〉。大家還有印象嗎？『我達達的馬蹄是美麗的錯誤，我不是歸人，是個過客。』多浪漫的詩句呀！寥寥數字，卻把過客與思婦擦身而過的緣分，勾勒得好含蓄，卻傷感呀！浪人詩人刻畫思婦長年等不到Mr.Right的悲涼惆悵，可是一絕，浪人可不是徒具虛名的，沒有點出的落寞反而徒增更多的幽怨憂傷，漫漫長夜等無人呀！」男孩一番邏輯清晰又幽默的解釋，果然贏得滿堂采。

「ㄟ，別急著拍手，等聽過我對『錯的時間遇見對的人』的完美答案後，再為我拍手也不遲。我舉個簡單的例子來譬喻，本班班長雖然長得像出水芙蓉，有著沉魚落雁之姿，但是我爸媽不准我談戀愛，否則就斷了親子關係。即使，窈窕淑女，君子好逑，我也要先好好地等待。就像席慕蓉詩作所說的，『無緣的你啊！不是來得太早，就是太遲。』你們聽過我的見解，是不是覺得很傳神？來賓，請掌聲鼓勵鼓勵……」男孩的謬解，卻能扣合提問核心，讓大家雖想反駁，卻也找不到更好的論理來駁斥他。

「我想到的是無緣的愛。老師之前有補充過陸游的〈釵頭鳳〉。當時，我聽到陸游因母命另娶，唐琬也迫於父命，再嫁趙士程時，覺得古代人的愛情好悲涼。尤其，聽到陸游和唐琬離婚後，竟在沈園重逢一聚時，兩人心仍藏情意，我就覺得太不可思議了。兩人在不對的時間硬生生地被拆散，有情愛不得，這種悲劇是錯誤時代對真愛的磔傷，造成難以彌補的人生遺憾呀！」女孩哀怨地說著，大家彷彿也陷入相愛容易，相處難的想像中。

「我來壓軸喔！你們剛剛說那麼多遺憾的詩詞，那我來個在錯的時間遇見錯的人，一段荒唐的愛情故事好了。漢樂府中最著名的敘事詩，之前老師才剛教過的是哪一首呀！大家還記得嗎？」女孩突然望向大家，用眼神要大家搶答。

「〈陌上桑〉！」我職業病似地脫口而出。

「賓果，還是老師背最熟，答案就是〈陌上桑〉。我真搞不懂那個太守為何要追求羅敷？自己都有老婆了。不過，看到羅敷不卑不亢，用『使君自有婦，羅敷自有夫』十個字，義正詞嚴地拒絕太守時，真是替中國女性扳回顏面。美麗的採桑女秦羅敷，變成我的新偶像，有才又機智！」女孩開心地補充說明著。

把課室的主導權還給學生

原來，只要願意擴大孩子的閱讀視野，再把課室的主導權還給學生，文學課的氛圍竟會變得逸趣橫生、熱鬧有味。

「老師，蘇軾的〈江城子〉又該如何歸類？」孩子舉手問起尚未歸類的詩作。

「同學們覺得呢？」我把問題回抛給其他人去思索。

「老師該不是不會回答，故意要我們解圍吧！」男孩機靈又頑皮地問著。

「那你們把答案先寫下來，待會兒再一起公布討論答案吧！」我故意嚴肅地回答著。

「我個人覺得王氏生前和蘇軾有過一段恩愛且相知相惜的夫妻生活，應該歸類為幸福的範疇；但兩人情深緣淺，蘇軾只能十年生死兩茫茫，不思量，自難忘。千里孤墳，無處話淒涼。這兩句解讀起來有一種因為時空的錯置，讓相愛的兩個人擁有多少愛，就會有失去多少遺憾的哀戚痛絕，似乎也可解釋成在錯的時間遇見對的人，是很深沉的遺憾呀！」我提出自己對這首詩的兩種詮釋。

如果，你們還想再深入愛情這個議題，老師推薦你們可以閱讀張曼娟的《你是我生命的缺口》、《琹涵的好詩》、莉莎．潔諾娃《我想念我自己》，都是很棒的作品。閱讀後，就能讓你們從多元的面向去想像愛情這個議題的完整面貌。

語文課只要透過閱讀的元素加以轉化，竟可以是如此有用、有趣的一堂課。只要我願意，多為他們閱讀相關主題的文本，把課室開放給他們思考，我不需要當綜藝主持人，依然可以聽見你們笑語盈盈的愉悅聲音，蹬蹬地奔向講台搶答的模樣，叩響底心的詩情的顫慄，也畫出語文課最漂亮的輪廓。

春風輕拂文學課室的浪漫聲響，一份飄落在彼此底心的文學悸動是久違的文學課悄然叩響的。

語文與閱讀交融的宴饗，跨越時空回來了，我相信，屬於我們的語文課不會散場，因為我正窺見文學花開的時節正燦爛著。

怡慧主任推薦書

《靈魂的領地——國民散文讀本》（凌性傑、楊佳嫻／麥田）
《好詩——從先秦到明清，回到初相遇的一刻》（琹涵／日出）
《你是我生命的缺口》（張曼娟／皇冠）
《生活的證據——國民新詩讀本》（孫梓評、吳岱穎／麥田）
《我想念我自己》（莉莎·潔諾娃／遠流）

如果大人都沒有閱讀習慣，又如何要求孩子？

如果，家中沒有閱讀角落，也沒有書房，那該怎麼辦？
我聽過最酷的，是在廁所入口處規劃書架區。

你的孩子一看到書就逃之夭夭嗎？
你的孩子一打開書就呵欠連連嗎？
孩子一聽到你說「去讀書」就擺臭臉嗎？

大人，請先反省自己

滑世代的孩子會如此反應其實是很正常的，因為他們活在一個直率，勇於做自己的自由年代。

他們一出生就是數位原住民，最早接觸的不是書籍，是平板電腦、智慧型手機。他們的朋友都是在臉書上連結認識的，他們的生活都用影音記錄與書寫。認真想想，這些3C產品實在太誘人了，連有些父母都難免耽溺其中，更遑論年輕世代的孩子了。出生在這個世代的他們，難以抗拒，也無法拒絕。

我們可以先不要急著對他們生氣，氣他們為什麼不讀書，反而必須先反省自己：為什麼我們也很少讀書了。還有，我們的閱讀信仰為何無法複製到孩子的生命系譜中，感動他們的心扉？溫燙他們的愛讀書的熱情？

我曾認真觀察自己：最忙亂的那一週，回家除了倒頭就睡，我連床頭書的一張頁扉都沒有碰過，更別說靜下來讀書了。

我的藉口是：太多凡塵俗物羈絆住我了，實在抽不出時間好好閱讀。

一霎時，我被自己的念頭震懾住了，連我這樣愛讀書的人，都會懶惰，找藉口，難怪學生愈來愈不碰書了。讀書永遠都是我們次要的選擇，生命中永遠有比讀書更重要的事在排隊。

後來，我開始隨身攜帶書籍，一有時間就翻閱。小背包中裝著一本非讀不可的書籍，也規定自己不滑手機，閱讀時一定關靜音，沒有什麼事可以在閱讀的流光中可以被瓜分。

如果，我們自己都沒有閱讀的好習慣了，孩子又該向誰學習「閱讀」這件事？未來孩子又如何能從閱讀學習到未來該具備的能力呢？

因此，先別急著要孩子閱讀，應該同理他們對書籍的陌生感與疏離感，並協助他們從遠離書的世代，回歸到閱讀書籍而獲得樸實無華的純美世界來。

試著推薦幾個小撇步，給愛閱讀的父母試著做做看，看看是否較能輕鬆地引領孩子進入書籍的世界：

一、**為孩子布置一個溫馨、自在的閱讀環境**：大家都知道「境教」真的很重要，什麼樣的氛圍，營造出什麼樣的學習場域。以我的觀察，許多有大量閱讀習慣的孩子們，父母大都會在家中布置適合孩子閱讀的空間。甚至，花些巧思，讓閱讀的環境成為家中最溫馨、最有氣氛的地方。

如果，家中沒有閱讀角落，也沒有書房，那該怎麼辦？我聽過最酷的地方，竟然是在廁所入口處規劃書架區。

有嚇到嗎？廁所！它是我們每天都會去的地方。印象中，不能登大雅之堂的廁所怎能和閱讀扯上關係？有個閱讀志工要我逆向思考一下：廁所既然每天都會去，何不在廁所出入口擺個小書架，讓孩子隨手取書，隨興地看？有時候，孩子離開廁所後，不只不會放回書，反而會帶著出來繼續閱讀呢！

二、**為家人留一筆買書基金**：我們會儲存旅遊基金、美食基金、置裝基金，卻很少人會替買書固定留一筆基金。預留的基金，會讓我們每個月都有機會到書店走走逛逛，挑書、買書。

親子挑書的時刻，通常也是親子相互了解彼此閱讀喜好的好機會，這樣就不會發生孩子從來不知道父母買書的品味，父母也不知道這個世代的孩子喜歡何種文類。

從挑書到買書，就是親子很好的話題。父母可以輕鬆地教孩子如何從文案、書訊、主題，或是一本書的設計等方式來選。

有了共鳴的書籍，不只能讓兩個世代透過買書而讓心的距離走近些，也能發現彼此對書的選擇喜好。

親子一起花錢買書，購入的每一本書彷彿也記錄了親子閱讀的成長歷程。透過閱讀，親子間成長了，也更能傾聽彼此的心情跫音。

最重要的是，生命的每一本書也排列出親子的閱讀旅圖來，拼貼出美好的閱讀風景來。

三、**陪伴孩子，從閱讀做起**：陪伴孩子閱讀是孩子養成閱讀習慣與興趣最重要的儀式了。當父母陪伴在孩子身邊，各自手攬一卷書，陶醉文字的想像世界，就能輕鬆地養成孩子安靜閱讀的習慣，也能讓孩子享受與作者對話的靜謐時光。

如果孩子遇到經典好句時，又該怎麼辦？**我習慣幫孩子準備幾張顏色繽紛的空白字卡，讓孩子能愉快地隨讀隨記**。

有時候，我也喜歡學習大江健三郎的做法：教會孩子用不同的彩筆，記錄自己的閱讀歷程。

遇到每有會意處，用藍筆圈點圈點，標註自己的心領神會。遇到不明白處，也畫個問號，提醒自己閱讀後，必須試著自己找出答案，或是再問問師長、父母的想法。

四、**營造和孩子聊書的氛圍**：聊書是閱讀最美好的時光，我們可以讓別人進入我們的想像，也可以讓作者的思緒與靈犀，透過我們的解讀而有了不同的新意。有時候，父母透過一本書為孩子的生命解惑了，那就是聊書無形的回饋與最大的助益。

小時候，母親為我聊書神采飛揚的模樣，至今仍深深烙印在我心頭。如今想起，仍不自覺地崇拜起母親的好嗓音以及活靈活現的說書方式。因此父母為孩子聊書會是未來孩子讚賞我們最好的機會呢！如果，你也不知道書中的答案時，怎麼辦呢？**親子一起尋找答案的旅程，好像展開一段尋訪冒險的未竟之旅，能讓閱讀這件事變得有溫度可體現**；有故事可訴說，十分值得父母試一試。

五、**閱讀便利貼，啟動書寫的契機**：這是我為滑世代孩子設計的一個閱讀小遊戲。我習慣為孩子導讀書籍，透過閱讀便利貼無聲的特色，每一張便利貼卻充滿閱讀之愛的導讀模式。

閱讀也需要被鼓勵，有時候父母或師長在閱讀便利貼黏上愛的絮語，能讓孩子獨立閱讀的時光，變得多采多姿起來，也附有無限開展的想像。

我喜歡在書的封面，貼上幾個提問的便利貼，讓孩子試著從閱讀去思考幾個閱讀書籍的面向；也喜歡在幾個章節，貼上通關密語便利貼，讓孩子試著從文句中去找到答案。

甚至，會加註自己閱讀時的murmur，讓正在閱讀的孩子能與之同悲同喜，好像有另一個讀者正在陪伴他閱讀似的，讓孩子的閱讀時光能有些驚喜的溫暖。

六、**讓孩子動手整理自己的書單**：當我們放手讓孩子愛其所擇，擇其所愛地選書之後，正式宣告孩子閱讀的獨立年代已經來臨。

千萬別為孩子擔心，選書讀和選餐廳、挑衣服一樣，都是一種品味的培養，也是一種生命必要的學習。

他當然可以特立獨行，選擇艱澀冷僻的書籍閱讀；他同時也可以隨著眾聲喧譁起舞，讀著大眾喜愛的流行書。

不為孩子設限任何文類，從孩子喜歡的書籍開始，並試著尊重他的選擇，鼓勵他記錄自己閱讀過的書單，並試著分類，從中檢視自己閱讀的書籍，是否有閱讀的偏食？是否適合自己的年紀閱讀？試著讓孩子從書單中培養自己廣泛閱讀、大量閱讀的好習慣，也試著為自己的書單做平衡與搭配。

七、**親子交換書籍，建立世代共讀的默契**：你曾經閱讀過孩子喜歡的書籍嗎？如果沒有，建議大家先從親子交換書籍開始做起。

閱讀親子間不同世代的作品，也是家庭生活中很酷的一件事。

曾經閱讀過孩子最喜歡的作家御我，才知道這個世代的孩子喜歡勇於做自己、表現自己個性的作家，那也是他們這個世代的調調。他們鍾情奇幻世界可以架空現實的快樂，容許各種事件發生在生活的刺激性。

透過閱讀走進孩子的世界，也讓孩子讀讀我們這個世代喜歡的金庸、倪匡、古典小說。這樣相互交換書籍閱讀，也是世代對話分享的方式，也能讓讀書這件事拉近世代對書的想像與感動。

親子閱讀如果可以從輕鬆的幾個步驟做起，未來，我們就能和孩子一起朗讀泰戈爾的詩作，一起閱讀克莉絲汀《最好的妳》，可以在吳若權《每一次出發，都在找回自己》的文字中，分享生命有趣的浪遊生活，可以在蘇絢慧《死亡如此靠近》談談生死學的議題，知道生命的盡頭是愛，而非悲傷，捨得、捨不得會是我們此生的功課。

關於親子愛讀書的「籍」光片「語」，會讓我們因閱讀而了解彼此的生命，因閱讀而走進彼此的生活！

怡慧主任推薦書

《最好的妳》（克莉絲汀／春光）

《請問侯文詠——一場與內在對話的旅程》（侯文詠／皇冠）

如果大人都沒有閱讀習慣，又如何要求孩子？

《死亡如此靠近》（蘇絢慧／寶瓶）
《閱讀是最浪漫的教養——AB寶的親子交換日記》（李偉文、雙胞胎AB寶／野人）
《洪蘭老師開書單1——良書相伴，快樂成長》（洪蘭／親子天下）
《窩心——父母最想知道的親子聊天術》（陳安儀／野人）
《讓孩子愛上閱讀》（陳安儀／美商麥格羅．希爾）
《1/2王子》（御我／銘顯）
《非關英雄》（御我／天使）
《吾命騎士》（御我／天使）

孩子可以讀輕小說嗎？

為什麼我不能先站在孩子的立場，先了解她喜歡閱讀輕小說的原因？

孩子到底能不能閱讀輕小說？

圖書館到底該不該採購輕小說？

老師到底可不可以鼓勵孩子讀輕小說？

聽到這些話，總讓我想起：過去，當我們著迷金庸的武俠小說、倪匡的科幻小說、瓊瑤的愛情小說、黃易的歷史小說時，也曾被老師禁止，甚至被父母責罰。結果，這些書籍現在都是圖書館借閱率最高的經典好書。

從這個經驗來看，過去世代認為不適合的書籍，為何到了現代反而成為經典好書了？

會不會十年後，滑世代的孩子們當家了，輕小說的閱讀群反而成為主流？顛覆了我們對閱讀經典的想像。

如果，這是一個與時俱進閱讀文類的更迭，如何幫孩子選一本適合他，而且是優質的輕小說？這或許是我們推廣閱讀者應該做的事。

媽媽沒收女孩的書

「老師，你看過輕小說嗎？可以和你聊聊輕小說嗎？」女孩羞澀卻乖巧地問。

「我認知中的輕小說好像都和動漫有關，甚至，不少作品都有錯字、誤用，還有……」當我打開話匣子，正要滔滔不絕時，孩子就皺起眉頭，找藉口跑走了。

這個女孩看來是喜愛閱讀的，為何我會說出這些話，把她嚇跑了？

難道，我就不能先站在孩子的立場，先了解她喜歡閱讀輕小說的原因。沒看過孩子喜歡的作品，就妄下結論，我的心態是什麼？

難道我的心中也有文類孰重孰輕的閱讀偏見嗎？

望著孩子離開的背影，心中有些自責。因為愧疚，就忍不住衝出去叫住女孩：「不好意思，老師是不是對輕小說的認識不夠，再加上說了一些不太中聽的話，讓你對老師妄下評論的言談，感到很挫折、失望？」

「沒錯，媽媽也是這樣，看到我在讀御我的書，就沒收，叫我不要再看這種不三不四的書。沒想到，連老師你也是這樣想的。為什麼你們從來沒看過御我的作品，就詆毀我的偶像，甚至，禁止我看她的書，怎麼可以這麼不尊重我？御我是我認真選書後，才找到的好作家。」孩子很委屈地說著，眼淚都快掉下來了。

「對不起，老師傷了你的心了。我的確犯了錯，沒有閱讀過的書，怎麼可以有偏見呢？你可以原諒老師，甚至，大人有大量，幫助我認識你的偶像御我嗎？或是借我御我的書來閱讀嗎？」我真心誠意地道歉著。

「老師，沒關係啦！大人都是這樣的，你算是不錯了，願意跑來和我聊。告訴你喔！御我最紅的書是《1/2王子》，它是讀者入門的基本款，推薦給每個同學後，大家看了都說讚。我有把握，老師應該也會喜歡的，我明天拿來借你看。」孩子眉飛色舞地說著。

推動閱讀的第一步

原來，**推動閱讀的第一步還是相信孩子選書的權利**。閱讀最大的樂趣不就是分享，我們怎麼可以拚命為孩子推薦書，卻不願意讀一讀孩子喜歡的書呢？這難道不是閱讀起始點的不公平嗎？

閱讀同樣都該懂作者想呈現在文字之外的深意，因此讀懂一本書並不容易。它需要不斷地品味，不斷地咀嚼，不斷地揣測，形成一個與作者互通的閱讀靈犀而有所收穫。

若能推薦別人閱讀，又是更高的一個層次，它不只是獨閱樂，更是形成一種眾閱樂，相互分享的勇氣了。

因此，拿到書後，我十分認真地閱讀完《1/2王子》。意外地發現，御我是十分出色的小說家。御我的作品常以十幾歲的青少年為主角，透過男女角色變變變，不僅符合動漫虛擬角色的扮演，掙脫現實的羈絆與苦悶，天馬行空的寫作創意，捉住孩子喜歡新鮮感的閱讀習慣，口語化的文字，讓孩子讀來流暢不易有隔閡。加上插畫的輔助，讓孩子產生和動漫相似的視覺效果，因此，容易和讀者產生共鳴感。

放下偏見，從讀孩子喜歡的作品開始

看完御我的作品，恍然大悟：這一代孩子喜歡的外表輕薄、內容簡單、體裁生活化、和讀者互動性高的書籍。那麼，如果我能仔細地為孩子找到不錯的輕小說書目，會不會就更能走進他們的閱讀世界，形成一個跨世代閱讀的體系呢？在那段找書的過程中，我澄清對輕小說錯誤的價值觀，也發現輕小說的起源來自日本，因此，櫻庭一樹的《糖果子彈》、有川浩的《鹽之街》、《圖書館戰爭》，都是部部得獎的暢銷好書。

尤其，《圖書館戰爭》這本書讀起來感觸又特別深：當政府侵犯人權，一群喜歡閱讀的同好，為自由言論而戰的人權議題，就十分打動我。甚至，在圖書館新生教育時，它成為我和孩子分享的第一本小說。它讓學生覺得容易親近、容易閱讀之外，也格外地開心老師願意認同輕小說的閱讀。

這樣的調整讓我體會到：**站在孩子的立場同理他，肯定他閱讀的品味，再慢慢讓他讀得多元與精巧**。只要孩子有閱讀習慣，改變閱讀偏食的方法就簡單了。因此，如何推動一本適合青少年閱讀的輕小說？應該是目前我最重要的事了。

閱讀並無高下之分

「看完後，我發現除了御我，還有一位輕小說家，也很厲害。你想認識嗎？」我很開心地問著孩子。

「老師，你真的看得懂御我，真的喜歡御我，也肯定我讀輕小說？」孩子有些喜出望外地說。

「閱讀本來就沒有什麼高下之分，而且不同的年齡、心境本來就有不同的閱讀書目。有時候，我還得為了工作閱讀呢。」我有感而發地說。

「為什麼要為了工作閱讀？」孩子意外地問著。

「**閱讀是最快、最簡單充實自己的方式**。若能保持閱讀的習慣，未來在自己的工作場域自然能表現出色。因為，我們能從書中知道在這個工作如何做能最傑出，成功者的祕訣是什麼。」我如實地回答。

「所以，老師也會為了成為更好的老師而拚命閱讀？」孩子又問。

「當然會呀！有時候，為了解決你們的疑惑，就要閱讀很多的書籍，才會有辦法回答耶！你不是也用御我的書考倒我了……」我有些俏皮地說著。

「我懂了，閱讀是訓練自己變厲害的方式。如果，我想當像御我那樣的作家，也要多讀書，對不對？」孩子彷彿懂了地說著。

孩子只花一天就讀完書

「需要老師幫你嗎？雖然不能和你PK，也因為你讀了不少好的輕小說喔！」我語帶感謝地說著。

「老師看了誰的作品？有收穫嗎？」孩子興致高昂地問著。

「我喜歡三浦紫苑的作品，尤其是《哪啊哪啊～神去村》。」我有些拗口地說出來。

「那是一本怎樣的小說？」孩子好奇地問。

「小說的主題雖是青春熱血的老梗，但描繪人物的說法栩栩如生，故事內容輕鬆有趣，十分吸引人。尤其，十八歲沒有生活目標的青少年平野年紀和你們相仿，很多思考點很接近。不過，被母親丟到神去村參與林務後，傻氣率真的平野經歷一年在森林生活，從頹喪到勤奮，從消極到認真，不只找到熱情與夢想，也結交到不少好朋友。想不想讀讀看？」我推薦地說著。

沒想到，孩子不只願意閱讀，隔天放學後，就拿著書氣喘吁吁地跑來了。

「老師，這位日本輕小說家，太強大了。你選的書好厲害！」孩子語帶崇拜地說。

「哪有？我是因為你才閱讀這類的書。讀了之後，才發現你是我的貴人，因為好的輕小說，有許多可以聊的議題。你要不要先告訴我，你看完的感覺？還有你發現他和台灣輕小說作家有什麼不同？」我快樂地放下手邊事務，急忙問著。

「故事因為主角的熱情，讓小說基調明亮開闊。尤其，『哪啊哪啊』原來是慢慢來的方言。作者扣合林務工作就需要慢慢來的意境，太特別了。或許，作家也想提醒我們：放慢腳步，不要著眼在短暫的快樂與眼前成功的追尋，需要花點時間去想想自己的未來。至於，台灣輕小說家比較著重在青春、校園、科幻、推理、愛情、歷史、動漫的內容，比較少去處理和林務、農村相關的小說背景。」孩子彷彿專業說書人，說出很多我意想不到的觀點。

「你實在太會評論了，果然是未來值得栽培的輕小說達人。我的感覺是常常『哪啊哪啊』一出現時，彷彿就把我拉進兒時農村生活恬靜緩慢的情調。尤其，從春日賞櫻、夏日廟會到秋日祭典的描繪，每次活動的過程讓我彷彿洗滌了紅塵沾染的俗氣，褪去眾聲喧譁的疲憊感，不自覺興起尊尚自然、敬天畏地、親近森林的純淨想法。」我有感而發地分享著。

孩子感動到把書中的句子都抄下來

「老師，我有把小說的句子抄下來：『曾經燃燒起祭典熱情的神去山已經恢復往日的靜謐，星星撒在稜線上，靜靜地守護著村民。』好美的句子，讓我突然想來一趟置身層巒疊嶂、雲煙暮靄的小旅行，回歸到自然的懷抱中。老師，你覺得主角會不會繼續從事林業？作家在結局時，沒有明說耶。」孩子分享後，緊接著問起我。

「**作家不告訴我們答案，不也是人生的一種答案**，讓人能更深刻地體會神去村民的泰然。還有，作家也暗示你可以幫她寫結局，寫個台灣版的《哪啊哪啊~神去村》，替主角的未來做個選擇，是不是？」我用同樣的問句，結束了這次的分享。

書籍本來就沒有孰輕孰重之分，閱讀也沒有從古典到現代之分，作者更沒有排名好壞之分。只要讓讀者能從文字中產生對世界的好奇，對身邊的人有同情，對未知的生活有期待，都是好作品。

當作家願意在眾聲喧譁的世代，讓讀者透過他的文字諦聽到世間最美麗的聲音，召喚一種感知自然四時的生命經驗，找到心靈最純淨的那片閱讀淨土，就是好作家。不論他是輕小說家，還是重小說家。

閱讀任何一本書的快樂與感動都是等值的，那份創作的心意，也是值得被每個讀者認真仔細收藏的。

怡慧主任推薦書

《哪啊哪啊～神去村》（三浦紫苑／新經典）

《圖書館戰爭》（有川浩／東立）

《鹽之街》（有川浩／台灣角川）

《糖果子彈》（櫻庭一樹／台灣角川）

《金庸作品集平裝版1—36冊》（金庸／遠流）

《倪匡科幻小說全集1—44冊》（倪匡／皇冠）

《十年．踏痕歸》（護玄／蓋亞）

《終疆1—4》（御我／平裝本）

《何以笙簫默》（顧漫／尖端）

《來自天堂的雨》（晨羽／城邦原創）

《夏日的檸檬草》（瑪琪朵／城邦原創）

如何為不閱讀的孩子，選擇第一本書？

這本書，不但讓女孩的心結解開了，也讓她和媽媽之間的誤會和解了。

老師覺得好看的書，孩子一個字也看不下去；

父母自己不看的書，卻要孩子用心地讀下去。

所以，我們的孩子離書愈來愈遠了……

曾經，我在課堂上說得口沫橫飛，幾度都快泫然欲泣了，孩子的目光卻還是飄向窗外的運動場，那裡歡愉熱鬧的人聲，比起我蒼涼孤絕的說書口吻還要吸引人。

如何為孩子選第一本書？

我的經典好書，為何總是讓孩子們興趣缺缺？我的生命之書，為何喚不醒他們閱讀的靈犀？

面對我的嗟嘆，我的哀愁，他們也會貼心地說出：

「老師，我從不看書的，別勉強我閱讀，其他都依你……」

「老師，我打開書就會想睡覺，不要叫我閱讀，真的很抱歉！」

這些話聽來猶如晴天霹靂，好殘忍、好決絕。

還真希望有《哆啦A夢》的時光機，能帶我回到他們打開一本書的年紀，讓我為他們好好選一本適合他們閱讀的書。

只是，選一本適合他們的書聽起來容易，做起來卻是難上加難。

孩子所處的時代，電玩與手機遊戲早已搶得先機，攫住他們生活所有的目光；占領他們所有的休閒時光，閱讀變成孩子口中枯燥乏味的代名詞。

要引領孩子從電玩或手機遊戲中出走，成為一個閱讀者，這第一本書的確重要。它是一個儀式，宣告孩子揮別滑世代，開始能從文字的世界中讀出作者的故事，也讀到自己的心事，這本書實在意義非凡。

就在裹足不前又煩躁的時候，突然想起自己小學時期時，全班女生最愛不釋手的書好像叫做《尼羅河女兒》。

閱讀，從繪本開始

漫畫書、圖文書若能投孩子所好，就能先培養他們閱讀的興趣與習慣，那麼繪本閱讀會不會是一個不錯的開始與誘因？

「你確定要帶繪本閱讀，會不會太沒有挑戰性呀！」

「繪本會不會太簡單了，適合中學生閱讀嗎？」

這是夥伴的提醒與擔心，也是一般人的迷思。

事實上，在閱讀的旅行中，不論中學生或是小學生，只要還沒有閱讀習慣，就都可以從繪本出發。

這樣做的原因，大抵是想訓練學生，從瞥見一個畫面後能靜下心閱讀一段文字，等孩子順利完成圖與文的合奏，這就會帶給孩子自主閱讀的成就感。

而當孩子持續願意打開書時，我們就有機會，讓他從讀得興然有味的心境中找到閱讀的樂趣。

「你們知道臉書創辦人祖克柏宣布：要為臉書增加書卷氣。因此，從二〇一五年開始，他每兩週閱讀一本書，要學習不同的信仰和不同的文化。所以，閱讀可以讓我們在文字虛虛實實的世界中，傾聽到自己內在的聲音。

「一本書，可以讓我們滿心懷疑書上作者所說的；也會讓我們拍案叫絕書上作者所說的，這樣正反的論辯才是閱讀價值。

「閱讀可以讓我們的思考像脫韁的野馬，脫離慣性的軌道，在胡思亂想後，歸證到一個生命的道理來，你的思考也會變得更自由自在。從來不閱讀的你們，就先從繪本開始閱讀起吧……」

孩子們的共同選擇

在眾多優秀、有趣的繪本作品中，孩子們竟有默契似地都選上幾米的作品。舉凡《星空》、《向左走・向右走》、《時光電影院》、《我不是完美小孩》等，很快地都被挑選一空。

「為什麼想閱讀幾米？」我忍不住問了。

「哈！老師有看到封面上的男孩，那個檯燈光影下，神情專注的樣子很迷人，很吸引我的目光，讓我好像看到過去的自己，一定要選來讀讀看。」男孩害羞地說。

「普魯斯特不是說真正的探索之旅不在於尋找新風景，而是擁有新眼光。幾米的繪本，小學看過了，但有的地方不是很懂，現在有機會，就想再重新讀一讀。」

女孩說著。

「湛藍的星空，讓我想知道幾米對星空的詮釋和五月天是不是一樣。是憂鬱的孤獨？還是未知而遼闊的想像？孤獨是我們青少年最害怕的，所以我也想知道幾米是不是因為孤獨才畫星空的。」班上很常是一個人走路、一個人吃飯、一個人生活的孩子回答我。

「老師以前也會有錯覺與迷思，以為繪本是給兒童看的，沒想到聽完你們的分享，讓我發現繪本的弦外之音，比起動輒上萬字的小說，還意義深遠！原來很多東西都要真正接觸後，才能有更深的體會與領悟。」我真誠地與孩子分享自己的感受。

「老師，你知道幾米有一本很特別的書叫《故事團團轉》，裡面文字比圖片多很多，可以算是幾米創作記憶拼貼的文字書，圖書館好像沒有耶！老師要不要買來先看一看？才能跟上我們的閱讀速度喔！」孩子幽默地說著，讓我也笑了起來。

一本書，化解女孩和媽媽的誤會

蕭伯納曾說：「別給孩子一本你自己都不會讀的書。」閱讀真的就是如此簡單的事，只要一本師生都喜歡看的書，閱讀的橋梁搭建起來後，師生的感情又更能加溫，話題也更加多元。

「老師，《我不是完美小孩》這本書我看完了，也超級有感的。從小，我也是個完美的小孩，就像幾米說的：不管從正面看，從背面看，我都好完美，因為我用一種自在的眼光在看這個世界。長大後，小孩變大人了，凡事都被要求要做到一百分，完美不能出錯，不能有討價還價的模糊空間，我開始變成一無是處的孩子。

「國中時，因為月考沒有考好，就躲在學校廁所不敢回家。幸好，媽媽和我心有靈犀，她跑來學校找我，把我這個差點離家出走的小孩找回去。之後，我和媽媽都避而不談這件事，我們的相處看起來也風平浪靜了。但，這幾天，把這本書看完後，突然有種如釋重負的感覺，我跑去和媽媽聊我的心得。原來，接受自己的不完美，讓自己能更好，喜歡自己的獨一無二，我才能樂觀地做自己。尤其，感謝媽媽喜歡不完美的我，愛著不完美的我。」

女孩的故事讓我十分感動，《我不是完美小孩》這本書不僅解開了她長久以來的心結，也讓母女間的誤會和解了。

「你的分享讓我想起畫家達利的話：不要害怕完美，因為你永遠達不到它。很開心一本書讓你和媽媽跨越心靈的鴻溝，也更走向彼此的心靈世界，有些話面對親人，反而說不出口，但一本書，卻解決了所有的困擾與問題，真是厲害呀！」我有感而發地分享。

大人也有軟弱的時候

「老師，我曾有過這樣的迷惘：大人總喜歡對小孩說，永遠不要放棄夢想。但是，為什麼放棄夢想的都是大人？看完幾米的《星空》後，我好像也明白，父母也是有軟弱、混沌的時候，所以，想把這句話送給失業的爸爸，任何人都值得擁有一朵美麗的花，請他永遠不要忘記：他值得更好的工作與對待，只要他相信夢想。」男孩意志堅定地說著。

「你也可以告訴爸爸：有陰影的地方，必定有光。每個人都會遇到工作上的挫折，從陰暗走到光亮的勇氣就是學習。這個世界是一塊塊的拼圖，有開心的、不開心的；有美好的、不美好的；有陰暗的，也有陽光的，即使，某一片拼圖是痛苦的，卻也是有意義的，一片片拼起來，才能呈現完整的生命的旅圖。」我拍拍孩子，鼓勵著說。

「老師，閱讀《星空》比讀小說的速度還要慢好多，奇不奇怪？那一幅星空的畫面讓我想起梵谷的星空，他的孤獨和我的孤獨好像都化成點點的淚水，幻化成撒向天空的點點繁星，孤獨凝結的心靈，在幾米的星空中好像有一種被讀懂的感動。或許，不是我真看懂了那些圖畫背後所代表的意義，而是我在畫作與文字中找到和幾米交流的光點。」男孩說完，其他同學也鼓起掌了。

「我倒是很喜歡《月亮忘記了》這本書，它告訴我的道理是：生命是不斷得到和失落的循環。有句話說，於是，看不見的，看見了；遺忘的，記住了。這句話讓我想到等候青春時，必須要歷經得與失的考驗，錯過的失落，才能讓自己有等在燈火闌珊處的堅持。」平日安靜寡言的女孩，也提出自己的心情與看法。

邀請老師，加入分享

「老師喜歡幾米的繪本嗎？」女孩問了我。

「幾米的文字簡單卻富有詩意，畫風時而甜美，時而傷感，彷彿是人生的寫照。幾米畫中的世界都是善良的，即使碰壁了，也是安分的接受。」我說出自己對幾米作品的想法。

「有沒有特別喜歡的繪本呢？」男孩急著想知道答案地問著。

「我喜歡《向左走‧向右走》這本書。因為他的創作動機來自於波蘭詩人辛波絲卡的詩作〈一見鍾情〉，他們兩人都相信，是一股突發的熱情讓他倆交會。這樣的篤定是美麗的，但變化無常更是美麗。這句話也是我對愛情的想像與理解。」我有些害羞地說。

「我和老師一樣喜歡《向左走‧向右走》，但卻不知道幾米的創作與發想，原來是來自一首詩，是一見鍾情的念頭。另外，我注意到繪本的頁扉上有記載日期，不知道老師覺得那是什麼意義？」女孩有些疑惑地問我。

「我覺得會不會是故意要我們去注意兩位主角的生活或心情？因為我觀察到日期旁，還會搭配外在氣候，彷彿在暗示或抒發畫中主角的心情。

「生活在城市中，即使近在咫尺，卻因為擁擠，兩顆心的距離總是遠的，人的感情也是疏離的。透過兩位主角《向左走‧向右走》不同習慣造成遺憾、悵然的結局，反而能讓我們更珍惜心靈相契的緣分，不想再錯過生命美好的相遇。」在回答孩子的答案時，讓自己也有了豁然開朗的感覺。

幾米的繪本讓我們用溫柔的角度來看世界，甜美繽紛是人生，淒清黑白是人生，世間的每個人都必須和幸福與哀愁同時存在呀！

生命有些缺憾，才有故事可寫，有感情可抒發。孤獨是創作必要的養分，靜謐會讓心安定下來，如此的氛圍才能產出美好的圖像或文字。

因為閱讀，許多不曾見面的人，在文字中重逢了；因為閱讀，許多不曾細想的回憶，在文字的世界被擁抱了。不復返的青春雖難以喚回，但和孩子在閱讀場域的契闊談讌時，又回來了。

青春扉頁啟動的小旅行，讓遺忘的故事有了重新鐫刻銘記的可能。

幾米的文字，看似簡單，卻也不簡單；幾米的圖畫，看似難懂，卻也不難懂，這就是幾米繪本對中學生的魔力呀！

怡慧主任推薦書

《我的世界都是你》（幾米／大塊）
《忘記親一下》（幾米／大塊）
《故事的開始》（幾米／大塊）
《我不是完美小孩》（幾米／大塊）
《星空》（幾米／大塊）
《故事團團轉》（幾米／大塊）
《向左走·向右走》（幾米／大塊）
《時光電影院》（幾米／大塊）
《微笑的魚》（幾米／大塊）
《地下鐵》（幾米／大塊）
《我的心中每天開出一朵花》（幾米／大塊）

成長小說，是陪孩子長大最好的伴

這些書的頁扉，幾乎都會有讀者讀完因覺得精采，而不自覺摺下的痕跡啊！

老師，推薦一下國中生適合閱讀的書單，好嗎？
老師，分享一下高中生應該閱讀的書目，好嗎？
不過，他們都沒有閱讀的習慣，請不要給太難的書喔！

家長對閱讀的普遍焦慮

在沒有推動閱讀課程時，我心裡難免會有這樣的os：「我不了解您的孩子，很難推薦他該讀什麼呀！如果，孩子沒有閱讀習慣，短時間真的很難會想要拿起書來讀，這不是件簡單事！」

過去的我，也曾陷在這樣錯誤的迷思中，直到自己走進閱讀推廣的世界，真正了解閱讀的重要後，才深刻地明白，**帶著孩子打開一本書的時間，永遠不嫌晚、永遠不嫌遲，沒有做不到**，只有你願不願意帶著孩子去闖一闖閱讀的世界。

面對家長殷切地詢問的語氣，望見難掩的焦慮與急切的眼神，還有豎起耳朵，拿起紙筆，準備謄抄的神情，都讓我體會到我們都知道閱讀很重要，卻又是如此的茫然與無能為力呀！因此，我要把握每一次為閱讀發聲的機會，書單的推薦也不容許我犯錯，這是我可以引領孩子進入閱讀世界的唯一機會。

青少年接受度最高的書

從最初為孩子推薦書單的忐忑與不安，到現在大抵能為孩子找到他們喜歡的書，這個過程是我生命最大的喜悅與恩澤。這份閱讀推廣的專業卻是無數孩子幫我建立起來的，因為他們總會這樣告訴我：

「你可以從我們買書的推薦單知道：我們滑世代喜歡什麼書！」
「你可以從借閱排行榜知道：我們新人類喜歡什麼書！」
「你可以陪我們去買書、聊書，就知道年輕人都在流行什麼書！」

孩子教會我用科學的數據，用心地觀察，去歸納他們的閱讀品味；孩子提醒我用分享、閒聊去親近他們的閱讀脾性。原來為孩子推薦書單這件事，不像買彩票碰運氣而已，而是透過時間與專業的形塑，找到為孩子推薦書單的自信與樂趣。

某天午後，我正在整理館藏的借書排行榜時，突然發現：成長小說是本校借閱率最高的書類。

這個現象讓我產生了好奇心，順便打了幾通電話，和鄰近幾位比較熟識的圖書館主任，閒聊起借閱排行榜這個話題。

掛完電話，我終於印證成長小說是青少年接受度最高，而且能跨越性別、年齡的書類，不僅學生喜歡借閱，老師、家長也會喜愛讀。

如果有續集，讀者幾乎是一看完，立即預借下集，時間上幾乎沒有延遲。所以，成長小說不會因為字數多，就讓讀者念不下去，甚至，它是一種能讓讀者在不知不覺中，一本接一本，一直讀下去的類型。

舉例來說，《哈利波特》一到七集、《暮光之城》五部曲，常常一回館藏，就馬上會被借出或預約走了。《偷書賊》、《風之影》、《追風箏的孩子》、《不存在的女兒》、《移動的城堡》不僅叫好又叫座。每一本書的頁扉，幾乎都會有讀者讀完因覺得精采，而不自覺摺下的痕跡。

有個學生還神祕地與我分享：「自己在選書或借書時，只要看到書名有ＸＸ少年、有ＸＸ女兒的名稱，潛意識就覺得這是一本好書，後來也證明自己的直覺反應是正確無誤的，這種命名的小說，通常讀起來都很有趣，令人愛不釋手。」

孩子的觀察與邏輯都很正確，也提供了我採購新書很好的依據。成長是每個人都會面對的課題，就像愛爾蘭作家約翰・康納利說：「每個人的心裡都住著一個小孩。」受歡迎的成長小說，不僅寫出青少年的寂寥，也讓長大後的成年人，能透過文字閱讀，有一種失落的青春被作家懂得了；年輕生命的茫然無依，被作家明白了；被傷過的心，痛過的情，在作家的文字中被療癒了。

因此，我開始為青少年推薦許多值得閱讀的成長小說，也請家長可以陪著青少年一起閱讀，會更走進孩子的生命，更同理他們對世界的想像。

男孩在閱讀中，找到力量

有一天，我走在桃花盛開的校園中。一名男學生用百米衝刺的速度跑來告訴我：「老師，我太喜歡侯文詠了，太喜歡《危險心靈》了。謝謝你，把這本書擺在最顯眼的閱讀牆上，讓我能找到一本很有力量的書。

「念高中後，我一直活在升學的桎梏中，被可怕的壓力縛住了對美好世界的想像。男主角的叛逆，為自由學習而戰的堅強，看到許多他因而受傷、受困的情節，都不由自主地想流眼淚了。自己的懦弱彷彿在閱讀的過程中，找到一份堅毅的力量。或許，沒有辦法像主角一樣有挑戰教育體制的能力，但也稍稍減緩自己在課室中不被理解的痛苦。」

孩子說完，我拍拍他的肩膀說：「好精采的一段詮釋，讓我忍不住也想再把《危險心靈》拿出來重新翻讀。你的解讀，讓我也穿越時空，彷彿變成一個高中生，能換個角色來揣想自己曾在中學時代，是怎樣想像升學主義這件事，還有幾段我曾漏讀、未曾著眼的片段，因為你的提醒，必須要重新再溫故知新一下了，真的很謝謝喔！」

男孩的臉龐有著因閱讀而開朗的紅暈，他願意分享而被我理解的喜悅，彷彿是掙脫分數羈絆後的雨過天晴。

忍不住抱了抱孩子

還有一位很親近的女孩，因為外表的關係，一直和班上同學有著難以跨近的距離。

我雖然心疼，卻一直很難為她卸下心防。直至我推薦她閱讀《大家都叫我食蟻獸》這本書後，某天放學，她突然走到我身邊：「老師，很謝謝你為我選讀的這本書。長久以來，我被自己的外表框住了對人的熱情，也失去一顆溫暖的心。或許是國中時代，被同儕笑過我的身材肥胖，所以，我憎恨，我自卑。這本書讓我重拾自信，我應該為愛我的人好好地生活下去，也希望我能從欣賞自己，賞識自己開始做起，重新愛自己。」

聽完她的話後，我忍不住抱住了孩子：「過去的你辛苦了，請不要在別人錯誤的審美觀中，忘記自己的獨一無二。在老師的眼中，你是如此美善的女孩，別忘了，我們都愛著這樣的你呀！如果可以，再看看這本《為自己出征》，你會發現，你擁有追尋夢想的能量，也能成為更好的自己了。」

他不是唯一痛苦的那個人

我的孩子們能在作者溫柔有序的文筆中，找到解決生命困境的方法與經驗，不被了解的蒼涼心境，被撫平了；一段未竟之旅的追尋，被理解了。

成長小說讓他們在文本主角的生命經驗中，學著知道：**每一個歷練都會因勇敢**

而成長，堅定的意志永遠都不會被現實的困挫而擊敗。

因此，現在的我可以很輕鬆地為家長寫出許多適合孩子閱讀的成長小說，也能很專業地告訴家長：**成長小說之所以適合青少年，真正的原因是它療癒青少年的孤單、創痛、寂寞的情感，在相似的生命困境中，孩子被讀懂了，困境被體會了，寂寞的靈魂就能被解救出來了。**

在這個世界上，他不是唯一受苦難的那個人，作家觸動了他被愛與被關懷的感知。我們不再是一個人承載著生活的壓力，我們可以擁有被理解、被關愛的溫柔。

我記得楊牧老師曾說：「成長的歲月裡怎樣張大眼睛看，推測單字的涵義，尤其是字與字的組合，去設法理解，無比的緘默，經營一己祕密的心的靈台，這樣聚精會神對文字，是無保留的信仰。」

我們都年輕過，也因為老師的一段話啟蒙我們對文學或閱讀的想像，一如楊牧所云，我們在閱讀的過程中，找到文字背後蘊含對自己生命的意義，以及文字帶領我們走向最好的自己的初衷。

鼓勵孩子離開舒適圈，探索世界

大學時，我曾閱讀過《阿拉斯加之死》，或許因年輕，在囫圇吞棗，不明就裡下，這本書沒有給我太多感動。直到我在班級讀書會替孩子導讀謝旺霖的《轉山》後，我才發現《阿拉斯加之死》影響了謝旺霖，而謝旺霖的《轉山》，用生命經歷溫燙了我的生命，我又重新讀了一次《阿拉斯加之死》。

這兩本書是讓我從書本的閱讀推廣成長到地景閱讀最重要的關鍵。我多麼希望孩子們在成長小說中學會的能力，能在日常生活找到實踐的可能。

因此，我鼓勵孩子離開熟悉的舒適圈，從成長小說盈滿的力量出發，試著靠自己去探索世界，或許未知的旅途，總有些冒險，但歷經不同生活方式的淬鍊，你會開展自己的視野，能洞察社會的種種面相，為自己找到為夢想堅持的生命高度，找到自己在世界的位置。

孩子看完《轉山》後，也開始加入了我的走讀營。

企圖讓自己在旅行中，找到和自然呼應的能力，或許無法像謝旺霖獨自一人完成從昆明騎單車到拉薩的行旅，翻轉了自己的生命，感動無數人的生活。但當他們開始嘗試用不同形式來挑戰自己的生活時，閱讀的力量才真正被彰顯出來。

孩子們自己設計單車地圖，從新莊到淡水，一場二重疏洪道的雙輪舞之旅出發了；他們開始願意用徒步的方式，從丹鳳一步步走到新莊老街，沿途完成了戲劇巷的研考、打鐵店的訪談。

有些孩子在放學後，放慢腳步，開始與店鋪老闆像老朋友似地聊起天來了，我相信這些孩子能找到生命不一樣的存在意義。

當孩子與我分享自己出走後，一夕成長的喜悅臉龐，那份雀躍的神態、那份對世界擁抱的熱情，我知道他已從閱讀的世界，展開每一段自我追尋的行旅。

成長小說用文字陪伴孩子長大，也讓孩子找到如何從作家書寫的熱情轉換成生命自我成長的能量。

當他讀得愈多，願意為自己付諸實踐的勇氣就愈多，也更願意為更好的人生去冒險、去吃苦、去奮鬥，找到更堅毅勇敢的自己，這正是成長小說陪我們長大的魔力呀！

怡慧主任推薦書

《哈利波特1—7》（J.K羅琳／皇冠）

《暮光之城系列套組》（史蒂芬妮．梅爾／尖端）

《追風箏的孩子》（卡勒德．胡賽尼／木馬）

《風之影》（卡洛斯．魯依斯．薩豐／圓神）

成長小說，是陪孩子長大最好的伴

《不存在的女兒》（金‧愛德華茲／木馬）
《燦爛千陽》（卡勒德‧胡賽尼／木馬）
《紙牌的祕密》（喬斯坦‧賈德／木馬）
《A‧J的書店人生》（嘉布莉‧麗文／商周）
《姊姊的守護者》（茱迪‧皮考特／台灣商務）
《危險心靈》（侯文詠／皇冠）
《大家都叫我食蟻獸》（克莉斯提娜‧諾斯特林格／飛寶國際）

經典閱讀，讀你千遍也不厭倦（上）

「老師，諸葛亮算聰明的人嗎？他為了阿斗這種人，讓自己變成loser，不值得！」孩子的提問，語氣充滿憤懣不平。

你的眼睛總是含著笑意，只有聊書時，許多情感才會激昂而出，才能看到迥然不同的身影。

你的態度總是內斂有禮，只有在聊書時，真情款款的情緒流瀉，才能窺見多愁善感的性靈。

你總是喜歡問我為什麼，只有在聊書時，我才知道你在等待一份志同道合的默契。

閱讀是我們共同的語言，只有在跟你們一起安靜閱讀的時候，我才能感覺到時光流轉的美好。只有在和你們分享書的時候，我才能夠知道，我們有一個心有靈犀的共識，就是向知識的殿堂，昂首闊步。

諸葛亮是loser?

那日，你倚著窗扉，目光望向正在聊〈出師表〉的我。你抿著嘴唇，不發一語，彷彿有些話想告訴我。

我停下課文的講述，想打破課室沉悶的讀講氣氛，於是我問了你們：「有誰曾好好地閱讀過《三國演義》，並有所體會的同學可以舉手聊聊……」

你突然舉手問：「老師，諸葛亮算聰明的人嗎？為何要接受劉備的請託？扶不起的阿斗如果真的扶不起，就放棄他。為了阿斗這種人，讓自己變成loser，不值得！」你的語氣憤懣不平，或許是對諸葛亮一份惺惺相惜的心疼吧！

同理學生的心意後，我接著說：「年輕時讀《三國演義》，也曾替諸葛亮壯志未酬身先死的生命結局而掩卷嘆息。甚至，也會覺得諸葛亮是不是聰明一世，糊塗一時？他應該要有拒絕劉備臨終託孤的勇氣，因為他是神機妙算的軍師，怎會算不出輔佐的阿斗是個必輸無疑的賭注……」孩子的臉上露出喜悅，頻頻向我點頭，彷彿認同了我的想法。

「不過，當了老師之後，曾在講述〈空城計〉這一刻時，再次翻讀《三國演義》。那天夜晚，我一邊備課，一邊圈點原典，讀著讀著，突然有種恍然大悟的清明。」我故意停頓下來，將眼神望向那個孩子。

「難道老師在閱讀同一本書時，會因為年紀不同，而有不同的想法嗎？」男孩充滿疑惑地提問。

「如果要真實呈現重讀經典的心情，很像是張潮在《幽夢影》所說：『少年讀書，如隙中窺月；中年讀書，如庭中望月；老年讀書，如台上玩月。皆以閱歷之淺深，為所得之淺深耳。』重讀經典對我而言，似乎為生命帶來不同的衝擊與啟發。」我試著把自己的閱讀經驗如實地分享。

孩子提出嶄新的觀點

「我不明白老師重讀經典的想法。」孩子第三次舉手發問。

「年輕時，讀到孔明借用東風火燒曹軍的連環船，只覺得他好神，也佩服他用實力向周瑜證明自己的聰慧。尤其他向曹軍草船借箭的章節，讓我大呼過癮、真心佩服。只是，我仍讀不懂羅貫中為何不根據勝者為王、敗者為寇的史觀來書寫三國，他到底想顛覆什麼？想證明什麼？陳壽《三國志》的正統是曹魏，連孫吳的國力都比蜀漢強大多了。羅貫中選中蜀漢人物為書寫主調，刻意神話諸葛亮的初衷是什麼？」我再次停頓下來，望向孩子們，期待有人能回答這個問題。

「老師，我猜猜看喔！羅貫中有點想證明自己即使考不上科舉，當不了官，一樣可以靠著一枝筆，一個虛構卻顛倒勝敗的歷史小說，為自己的人生找一個揚名立萬的解釋。」女孩很鎮定地說出自己的想法。

「很棒呀！這是老師讀《三國演義》沒想過的思考點耶！超級棒呀！你的想法讓我想到了，你正在實踐著笛卡兒我思故我在的真理！」我驕傲地為她鼓了掌。

調皮又聰明的男孩舉手說：「下次我在虛擬遊戲中，也要和羅貫中一樣，把主將的名字全改成孔明、張飛、關羽，讓諸葛亮繼續在二〇一五年的虛擬世界一戰成名，繼續叱吒風雲……」

同學聽完這段話都笑了。男孩的謬解，彷彿為課室帶來詼諧的氣息。

孩子找到屬於自己的答案

「閱讀經典不但可以能跨越時空與作家對話，也能隨著年歲增長一讀再讀，體會也會不同。舉例來說，小時候會覺得諸葛亮那麼厲害，為何不能有勇氣揭竿起義，自立為王，替蜀漢的人民，甚至天下的黎民，創造一個豐衣足食的天下？你們的感覺呢？」我再次望向孩子們。

「但是現在，我卻不這樣覺得。我可以體會諸葛亮那種成功不必在我的心情。我知道諸葛亮不只感激劉備的三顧茅廬之情，也把劉禪當成自己的孩子教導。

「不管阿斗扶不扶得起，就是自己的親人，沒什麼好計較的。當他遇上可以回報劉備知遇之恩的機會，他怎會輕易放棄？他怎會背棄自己的信仰和初衷？再大的利益，即便是一整個天下都給他，我猜，他也不會動心的。這是重讀《三國演義》得來的啟發，也是當了老師之後，才讀懂諸葛亮的心情連結。」我有感而發地分享著。

男孩露出笑容地舉手了：「老師的意思是諸葛亮在劉備死後，最大的期待是看到劉禪能青出於藍，更勝於藍，甚至成為一代明主。諸葛亮因有強大的信念，即使燃盡自己生命的光熱，也不會怨、不會痛苦，是嗎？」

這個常問為什麼的孩子，也在不斷提問後，替自己找到答案了。

當學生想像自己是經典中的人物

「杜甫讀懂了〈出師表〉，所以替諸葛亮留下八陣圖的詩作；羅貫中明白諸葛亮的生命情韻，用《三國演義》顛覆三國鼎立魏強蜀弱的想像，也讓諸葛亮蜀相的地位屹立不搖。你們願不願意也花點時間來讀讀經典？甚至，和大家一起聊聊經典閱讀……」我試探地問著。

「舉個例子，和大家分享，就是過去讀的時候，很沒有fu，但此刻突然一翻開書後，卻讀懂了，也恍然大悟其中的奧妙，甚至會有種拍案叫絕的快樂。」我試著說出讀經典的那種暢快感。

「老師，我可以聊一下。不過，也不知道自己舉的例子，算不算是讀你千遍也不厭倦的心情。我在閱讀《三國演義》時，好像在訓練自己察言觀色的能力。例如，我會邊讀邊思考：如果我是黃蓋，真的可以忍住被打N大板的苦嗎？要我去執行苦肉計，會不會騙不了曹操？還會被捉來問斬，壞了大家的好事？」女孩心虛又可愛地說著。

「還有，一念之間，不是失去一個城池，就是得到了一個城池，成敗一瞬間。這似乎考驗著人的判斷力與臨機應變的能力。這種爾虞我詐的人生，不適合我這種直線思考的人。雖然，單純、善良的人容易吃虧，不過，我不想為了成功而失去自己純真的性格，為別人付出，也可以獲得很多的溫暖……」女孩貼心地補充自己的感想。

孩子閱讀經典後的觸發，似乎也能提供給我們不一樣的生命選擇。

或許，勝者為王，敗者為寇的定律，在重讀經典後，也會讓人有不同的價值位移與人生的不同抉擇吧！

怡慧主任推薦書

《好潮的夢——快意慢活《幽夢影》》（張曼娟／麥田）

《經典3.0大師影音全紀錄套書1—25》（王安憶等／網路與書）

《正是時候讀莊子》（莊璧名／天下）

《宋詞背後的祕密》（林玉玫／如果）

《老師來不及教的101個唐朝趣史》（劉永連等／自由之丘）

經典閱讀，讀你千遍也不厭倦（下）

「老師，《西遊記》對我來說，不只是玄奘取經的神怪故事而已。」男孩若有所思地說著。

某日放學，學生手上各拿著一本書向我面前翩然走來。

「老師上次在講解〈出師表〉時，打開我們重讀經典的想法，所以，今天我們想帶著自己的經典好書和老師聊聊，可以嗎？」

經典不是只有LKK在讀

我望見學生們手上有的拿《西遊記》、有的是《水滸傳》、有的《紅樓夢》，還有《儒林外史》……因而，忍不住地說：「哇！這些書都是經典好書耶！你們終於願意打開它們閱讀了。」

「老師，過去我們可能對這些經典都有些誤解，總以為它是LKK的人在讀的。上次你和同學在課堂分享了三國演義的閱讀心得後，我們就說好先以自己喜歡的，盡量不要重複選書的方式，來進行本班的經典分享會。」

「你們覺得現代人對經典共同的想法會是什麼？」我好奇地問著。

「非讀不可」、「不容取代」、「歷久彌新」、「超越時空」、「共同價值」……孩子你一言我一語地拼湊出經典的基本輪廓。

「經典的魅力是它能輕易地跨越世代的想像；能讓所有讀者從中獲得閱讀雋永的趣味，以及提供有用的智慧和激發我們去省思的心情。閱讀經典能替讀者找到N種讀法，N種體會，N種帶著走的能力，是嗎？老師最期待的時光就是和大家將喧囂與紛擾隔絕在空間之外，可以享受大隱隱於市，小隱隱於野的快樂。」我開心地說著。

「老師喜歡在經典好書的頁扉上畫了又畫，摺了又摺，標籤紙貼了又貼。念不

懂的就靜待歲月流光能給個答案。」我突然岔開話題，說著自己閱讀經典的習慣。

「老師的閱讀習慣好特別喔！下次我再借老師的經典好書來閱讀，看這些書被老師讀成什麼厲害的樣貌！」男孩誇張地說著。

孩子在《西遊記》看到自己

「老師，我想自告奮用當第一棒。《西遊記》對我來說，不只是玄奘取經的神怪故事而已。」男孩若有所思地說著。

「我們都很期待你的分享喔！」女孩溫情地打氣著。

「重讀《西遊記》，我好像看到自己中學生活的縮影。在升學主義的路途中，就好像西天取經，充滿挫折與考驗。我似乎在扮演玄奘取經的角色。過去，還沒有遇到大家，就像玄奘剛開始的命運，走在一條漫長又不知道有沒有希望的路上。」女孩突然在這裡停頓了，語氣有些哀傷。

女孩的死黨突然跳出來幫她說下去：「幸好，她遇到像孫悟空有七十二變的老師，用各式各樣的法術，替大家打敗很多干擾我們奔向夢想的妖魔鬼怪。只是，像孫悟空的老師也會和我們有爭執、不愉快，也會想落跑，興起回家去當山大王、少奶奶的時候，是不是？」孩子故意調侃著我，讓我一時間也陷入思考中。

女孩看到我靜默不語，就再接續著說：「謝謝麻吉貼心的補充啦！豬八戒、沙悟淨就是陪我一同面對學測，完成人生夢想的同學們。以前讀《西遊記》的時候，就只是把它當成故事來看。現在，老師要我們再重新翻讀後，卻在故事的背後，看到自己生命的縮影。」

你的說法也讓老師體會到：「當我們進入小說文本中，有些生命情韻也與作家的書寫不謀而合。或許，也能從情節脈絡中找到人生沒有克服不了的困難，就看自己願不願意為自己的夢想奮鬥，堅持走下去。讓我們一起加油，好嗎？」感受到孩子受到升學羈絆卻願意為自己找出路的用心，也希望自己有更多的有趣的教學魔法術，陪她闖一闖學測這一關。

正義、思辨是一輩子的堅持

「你們都很有想法耶！那換我來談談自己喜歡的經典《水滸傳》吧！國中時期，我是受到武松打虎的故事才閱讀原典。之前我覺得它是一本官逼民反的俠義小說。上次有機會和大家約好要重讀經典，才發現小說中一百零八位英雄好漢，雖出生在草莽亂世，卻都有自己獨到的生存智慧。國中時期我最欣賞威風凜凜的林沖，現在反而喜歡黑矮胖的宋江。」男孩給了大家一個很意外的答案。

「老師很好奇為何你在重讀《水滸傳》後，有了這種微妙的心情轉變，是什麼因緣際會讓你成長了嗎？」我忍不住問了起來。

「升上高中，我好像一夕長大了。體會到丹鳳是一個人外有人、天外有天的環境，只要扮演綠葉襯紅花的角色，小小螺絲也可以發揮自己存在的價值。而且，宋江總在別人最需要的時候，伸出援手，成為別人生命的『及時雨』。尤其，在我參與『I DO社』後，也希望自己能為偏遠的學生付出一點心力，未來也能成為一個堅持夢想，往正義之途努力的人，成為別人生命的現代宋江。」男孩的分享不只熱血，也很有自己的見解，尤其，他也體會到正義、思辨是一輩子的堅持呀！

《紅樓夢》，讓女孩哽咽

「我是壓軸嗎？壓軸最適合談《紅樓夢》了，因為這部經典可以說很長，也可以輕描淡寫地留些餘韻，讓你們自己去閱讀。」女孩果真是個討喜的孩子，說起話來有趣、活潑。

「你喜歡《紅樓夢》的原因是憧憬賈寶玉和林黛玉之間動人的愛情嗎？還是喜歡曹雪芹家族小說的刻畫？一如曹雪芹所云：『滿紙荒唐言，一把辛酸淚』，沒有經歷過千迴百轉的人生境遇，嘗過酸甜苦辣的生命滋味，一下子也很難體會作者的弦外之音。坦白說，你比老師高中時期厲害，高中的我真的讀不懂曹雪芹的愛恨情仇，太深奧了！」我坦白地和孩子說明自己過去的閱讀歷程。

「可見老師是幸福的女孩。我是經歷父親中年被裁員後，家中陷入經濟危機的焦慮，才發現曹雪芹不是別人眼中的浪漫主義者。他對家道中落，應該感觸很深，一如我看到小說情節繁華落盡的悲涼。」女孩說到傷心處，還有些哽咽。

「曹雪芹以記錄家族史的方式來鋪陳小說梗概，讓他印象中家庭繁盛的絕美透過文字有延續下來的可能。舉凡他對十二金釵人物的描繪，不僅栩栩如生，個性鮮明，對美好事物的苛求，彷彿來自靈魂深處的家學淵源。所以，曹雪芹常用兩個對比人物，不同的視界去描繪同一個事件、同一個場景，值得我們在閱讀的時候多多留意。」我試著替女孩補充些紅樓夢的小說內容，讓她能接續著說。

「老師，剛剛有點小黛玉上身了，悲從中來。我還有注意到曹雪芹的國學底子很深厚，不論詩詞歌賦、書畫戲劇，無所不包。在我看來，曹雪芹彷彿是個上知天文下知地理的大師。難怪紅樓夢不只是一本書，更是中西學者目前都在研究的一門紅學。」女孩平復心情後，接續把閱讀心得作結。

「如果你們也想和曹雪芹一樣寫出一部好小說，我建議大家多注意四時遞嬗的變化，專注地聆聽自然更迭的跫音，這些都是書寫創作的好素材。這個小撇步也提供給喜歡創作、喜歡閱讀的你們參考，多閱讀也能給予你們更強大的能量，更好的寫作沃土，有時間就試試看吧！」

鼓勵害羞的孩子，分享《儒林外史》

「你們的分享聽起來，不只論點精闢，也很溫馨勵志，還有要聊書的夥伴嗎？」我用眸光看著可能是漏網之魚的害羞的男孩。

「老師，我可能說得不好，真的可以分享嗎？」男孩臉色帶著羞怯，同學卻一一鼓掌，要他跨出說書分享的第一步。

「我想向大家推薦的是吳敬梓的《儒林外史》。國中時，我只讀過〈王冕的少年時代〉，對他的苦學勤勉不是很有感覺，只覺得好學和貧窮不需要畫上等號。最近，老師有提到范進中舉這個橋段，我的感受特別深刻。就像老師說的，中國多少讀書人為了科舉考試而礫傷自己對生活的創意，以及對人生價值的追尋。人生為何會落入萬般皆下品，唯有讀書高的陷阱？為什麼成績好才較有出息？好學歷就證明你是個好孩子？我也覺得自己在考試中愈來愈看不到自己的未來了……」男孩的眼神果真有些黯淡。

「我承認吳敬梓故意塑造范進成為一個很悲情的人物，來諷喻所有科舉考試中載浮載沉的讀書人。十年寒窗無人問，一舉成名天下知。只是，活在二十一世紀的我們，應該帶著怎樣的期盼來到課室裡面學習文學課？文字的美又是如何打開我們的心靈？帶給我們一種真實存在的感動。**讀書不是拿來PK孰高孰低的工具，更不是用來背誦和考試的無用之物。**」我也有些感傷地與孩子分享著。

孩子們，閉上眼睛細細回想這些經典帶給你們的生命暗示吧！經典閱讀的世界如此朗晴開闊，文字也會在未來生命的長軌中潑灑而出，成為我們向前走的陽光。

每個句讀，每一個片段，都是你們用閱讀芳馨繫在我衣襟的溫燦，而教會你們閱讀經典的經驗，是我教學詩篇中最美的音韻。

弱水三千，老師只取一瓢飲，沒有閱讀的講台，就是沒有創意的舞台。謝謝你們用閱讀讓我知道，老師此生最重要的使命就是教會你們閱讀後，才能放手讓你們向廣袤的世界飛去。

怡慧主任推薦書

《世說新語上、下》（劉義慶／台灣書房）

《彩畫本紅樓夢校注》（曹雪芹、高鶚／里仁）
《三國演義》（羅貫中／三民）
《西遊記》（吳承恩／台灣東方）
《水滸傳》（施耐庵／台灣商務）
《微塵眾——紅樓夢小人物》（蔣勳／遠流）

【後記】

我的阿嬤是一本好書

母親一生都在認真地討好阿嬤；阿嬤卻無時無刻提醒我：要勇敢地做自己。

或許，阿嬤身為母親時，只能選擇扮演嚴母的角色，而我卻在阿嬤學會當母親時，降臨到這人間成為她的孫子，替母親承接了阿嬤對她與我滿滿的愛。

猶記小學放暑假，母親若沒時間陪我們，就會讓我和弟弟回阿嬤家住個幾天。

說真的，剛開始，我和弟弟都挺害怕回阿嬤家。小孩大都喜歡躲懶，沉溺與友伴貪玩嬉戲的時光，沒人會喜歡軍事化規律的生活。

阿嬤規定我們每天六點一定要起床，絕不能浪費韶光，洗臉刷牙梳頭，一樣也不能怠慢，因為那是給人乾淨整齊形象的態度。接著，我和弟弟必須結結實實地吃光桌上所有早餐，再坐回書桌，念書、寫功課。

不過，阿嬤對我們多少都有些寬容與慈愛，該要求雖是會要求，但睜一隻眼閉一隻眼的功夫也做得獨到。

只要我們能自主做完功課，接下來就是free time。

尤其，每天早上帶我去小市集買菜，順便告訴我：哪個攤販老實，哪個攤販喜歡缺斤短兩，以後若能做生意，當老闆可要正直善良，千萬不要賺黑心錢，會禍及子孫的。

還有，她也教我：「凡事少聽多看，就能知道誰話說得多，誰做得少，膨風的行徑絕不可學。」阿嬤說得輕鬆，我卻聽得認真，一份做人的道理深埋於心，至今不敢忘記。

每天下午，阿嬤也會要求我念個六十分鐘的課外書，吸收最新的知識。阿嬤常常告訴我：「憨孫，阿嬤沒讀書，多希望你可以好好讀冊，讓咱家的下一代都是讀冊人。只是，讀冊要感恩，以前的人很辛苦，又重男輕女，想讀冊也沒得念書，你一定要好好讀冊，不要讓女生漏氣。」聽完內心都澎湃著，對讀冊這件事也開始有不同的想像。

每次，在我念到快氣脫委頓或要打盹時，阿嬤就會適時切上一盤水果，要我嚐點甜、吃個沁涼，再去讀些書。

若真不小心真的一直打盹下去了，她也會幫我蓋條被子，或要我快去房間睡個好眠。

四、五點左右，近傍晚的氣溫看來沒那麼溽熱，她就會陪我去鄉間小徑騎腳踏車。等我騎累了，就陪我找個小亭坐一下，順便告訴我：「眼前的這間宅第之前住過那些達官貴人，附近頹圮屋舍、斑駁牆面所訴說的是富不過三代的家族興衰史。」

我常聽得入迷了，總涎著臉要阿嬤再多說些故鄉的稗官野史來聽聽，只是每次說完故事後，阿嬤就會提醒我：「聽完可別亂說，不然就變成三姑六婆閒言閒語的材料，任何事沒有親眼看到，親耳聽到，都不要多加論述，以免害人害己。」

然後補上一句：「囝仔人，有耳無嘴，知道嗎？」

現在想起社會許多亂象，不就是我們總喜歡以訛傳訛、加油添醋，在不加求證後所引起的社會弊端呀！

印象中，阿嬤喜歡和我一起閱讀，看不懂字的她，總是有耐心地陪著我閱讀，或是看圖說故事起來。有時候，我也會為她說書，告訴阿嬤的故事背後的寓意與道理。

當我告訴她《三國演義》的曲折歷史，她就會告訴我廖添丁的行俠仗義；當我告訴她《紅樓夢》的滿紙心酸淚，她就會告訴我媽祖婆救人的傳奇故事；當我告訴她唐詩宋詞的悠揚意蘊，她就會教我唱歌仔戲、七字調；當我告訴她海明威的《老人與海》向自然學習的智慧時，她就會與我分享：「竹山當地出好筍，好山好水出美人。」我們自有一套祖孫間如行雲流水般的閱讀分享模式，靈犀互通，頗有共鳴。

雖然阿嬤不識字，但我就是她閱讀的眼睛。我喜歡把自己理解的世界，明白的道理替阿嬤大聲地朗讀出來，那是一種只想說給她聽的澎湃熱情。

記得阿嬤有一次驕傲地告訴母親：「阿慧很喜歡讀冊，愛讀冊的孩子，絕不變壞，說不定，咱家以後要出一個女狀元。」阿嬤總會跟媽媽敘說著。有一次還耳提面命地告訴母親：「要好好栽培阿慧，以後你就快活了。看得出來，她很優秀，很伶俐！」

阿嬤的一席話聽在我耳中，有多感激、有多感謝！一份千里馬為伯樂一躍的知遇之情，油然而生。我的阿嬤是第一個賞識我的人，也是第一個讓我知道閱讀就是力量的人。

因為阿嬤的賞識，母親開始注意到我能讀能寫，是一個頗有才思的孩子。阿嬤的慧眼獨具，母親刻意栽培，我的童年生活可以說是全然與書為伴，即便要與孤獨為友，也能在書中怡然快活。

國中時期，阿嬤家曾重新改建過，老房子翻修後，不只煥然一新，二樓也多幾個新壁櫥。

阿嬤很細心地在框架放上很多媽媽在少女時期閱讀的書籍，甚至把樓閣地板、書架都擦得一塵不染，讓我一有空就喜歡躲在二樓閣房，享受一個人的閱讀時光。

藏身在小小的天地，享受一種閱讀者的隱逸空間，感受到一種無限自由寬闊的心境。

曾經，站在架前想著：母親為何會讀無名氏的《塔裡的女人》、《北極風情畫》？難道有什麼特別意涵嗎？

《少年十五二十時》、《源氏物語》、《湯姆歷險記》、《藍與黑》，從這些古今中外不一的書名，還滿難歸類出女親閱讀的脾性，只能從閱讀個過程中，尋訪到舊書頁扉中被母親眉批過的文字，邂逅了母親當年心裏所承載的喜悅與哀愁。

原來，年輕時的母親不是我慣常見到的形象。她也是個會憤世嫉俗、調皮可愛、附庸風雅的單純文青。

讀著讀著，我好像幻身為母親，走入她的年歲，在文字中揣摩母親青春時代的心情。在閱讀著泛黃的《皇冠》雜誌，張愛玲的《傾城之戀》，許地山《落花生》時，我終於知道母親也是個大量閱讀、學養廣博的女性，這些書籍有的觸角多、體悟深，還真需要時間咀嚼呢！

當然，書架擺最多、最多的，還是母親最愛的瓊瑤系列小說。愛情果真是每個少女憧憬而心嚮往之的世界。

「媽，你很喜歡無名氏的書嗎？我看妳還把《塔裡的女人》包上自製的書套耶！」

「喜歡呀！一本書就是一個人生的縮影，《塔裡的女人》前半段寫黎薇是一位全南京最美麗的女子，敢愛敢恨，後半段寫阿她在愛情的灼傷下，自暴自棄後，竟變成一位垂垂老矣的胖婦人，過往的風華絕倫竟成過眼雲煙，不復記憶，每次看都會掩卷流淚，不能自己……」母親感性地說著。

「所以，你如果是作家，會怎樣去重新安排黎薇的未來？」我忍不住地問著。

「性格或許決定了黎薇的命運，嬌生慣養的生活像住在象牙塔，顯現出其性格的孤傲如高塔遙不可觸。但能為愛拚搏的女子，即使失去愛情也不該是這樣的下場！」母親看著我，很哀傷地說著。

此時，阿嬤也來到我們身邊，仨人擠在閣樓上，相互依偎，還真像塔裡的三個女人。

「失去一段愛情已經很可憐了，為什麼用悲苦來懲罰自己的後半生？無常或許會讓情緣變淡或消逝，但曾經相愛地過的回憶，應該變成祝福與動力，下一次重逢當然要讓他知道：自己過得很好，不要有愧歉，也不要有遺憾，分道揚鑣仍是相互祝福的呀！我希望黎薇即使一個人也要幸福快樂！」

母親的話，讓我知道她其實是個即使面對痛苦的打擊，還是會樂觀地想扭轉劣勢，為成為更好的人而努力。

阿嬤很常要求我們要有一份同理心：「自己好，不算好；大家好，才算好。」

有一天，讀到范仲淹「先天下之憂而憂，後天下之樂而樂」時，不自覺想起阿嬤的話。她一生都力行著這樣的信仰，願意默默付出，不願她人吃苦，自己享福，無私地奉獻，更是她讓我敬佩的特質。

記得大學時期，我很喜歡蕭麗紅、蔡素芬的小說，甚至是著迷似地沒天沒夜的拿著小說拚命讀。

母親見狀忍不住問我：「會不會覺得阿嬤和女主角貞觀的性情很相像？對事情的某些看法

也很雷同？雖然認命卻很有韌性，對某些事情的看法，比生活在都市中的男生還要有遠見呢！」

「媽，我不知道你也喜歡蕭麗紅的書耶！可能我還沒有讀完，體會不深，不知道妳覺得阿嬤和貞觀有什麼地方一樣。」我駑鈍地問。

「阿嬤生活在保守的鄉下，但是處理事情很有溫情、有智慧，十九歲嫁到阿公家，雖是媒人牽線，卻一生認命、認分地在大家族中盡心盡力，從不說苦。不只對鄰居很客氣，也能禮尚往來，很有人情味呈現自己的人際關係。例如，常常人家給她一把蔥，明天就會溫暖地給別人一顆雞蛋，皆大歡喜。妳不覺得左鄰右舍，大家都很喜歡她。」母親語帶柔情地說著。

是呀！阿嬤在重男輕女的觀念下成長，卻讓我和媽媽能夠好好地讀書。寧願自己刻苦自勵，也不願家人吃苦。

年輕閱歷不夠，世事經歷不多，如今，嚐過人情冷暖的滋味，再重新翻讀「千山同一月，萬戶盡皆春，千江有水千江月，萬里無雲萬里天」的詩句，才明白人生歷苦經痛後，方能悟出化繭蛻變的智慧。

阿嬤教會母親隨遇而安的豁達，母親也教會善意流轉的待人之道。常常想起這些，生命最快樂單純的日子，又重新回歸到記憶的長軌中溫潤我的心。

如今，一個字接著一個字地書寫著，阿嬤在我底心溫暖的輪廓就越加顯明，原來，我的阿嬤在我生命中扮演的是一本最棒的好書，永遠能在我需要的時候用無形的方式教導著我：溫良恭儉、善良開朗的待人處事之道。

即便阿嬤逝世多年了，這本早已鐫刻在我心板的好書，總能有一讀再讀的雋永餘韻，值得我此生不斷翻讀、再翻讀，並從中找到智慧成為更好的人。

【特別企劃】宋怡慧主任精讀推薦書單

人生夢想

《走在夢想的路上》（謝哲青／天下）
《關於人生，我確實知道……歐普拉的生命智慧》（歐普拉・溫芙蕾／天下）
《海岸山脈的瑞士人》（范毅舜／積木）
《築夢の手紙屋——給學生的升學指引與人生方向》（喜多川泰／高寶）
《牧羊少年奇幻之旅》（保羅・科爾賀／時報）
《小王子》（安東尼・聖修伯里／漫遊者）
《少年夢工廠》（王溢嘉／野鵝）
《今天——365天，每天打開一道門》（郝廣才／格林文化）
《夢想這條路踏上了，跪著也要走完。》（Peter Su／三采）
《零下15度的勇氣》（陳彥博／健行）
《你，就是冒險王——克里斯的夢想天空》（宥勝／大田）
《電影裡的生命教育》（李偉文／親子天下）
《垃圾男孩——在最黑暗的地方，實現最偉大的夢想》（安迪・穆里根／大塊）
《成功，是失敗的累積——熱情決定你是贏家或輸家，45位名人教你倔強到底！》（是九昌信／智富）
《夢想不設限！做，就對了！——20位臺灣頂尖女性的成功筆記》（劉道薇／商周）
《創造人生的夥伴》（松浦彌太郎／台灣東販）
《安藤忠雄——我的人生履歷書》（安藤忠雄／聯經）
《轉山——邊境流浪者》（謝旺霖／遠流）
《夢想一直都在，等待你重新啟程——走在恐懼與挫折的路上，發現天賦與熱情》（班・阿蒙特／天下雜誌）
《出去闖！擁抱世界級夢想——27歲CEO的圓夢方程式》（艾兒莎／方智）
《逐夢計畫——35個點夢成真的一句話》（林義傑、柯文哲等／正中書局）
《在白天做夢的人——從臺大醫師到網路教師，敢夢敢為的翻轉人生》（呂冠緯／商周）
《初心》（江振誠／平安）
《有種，請坐第一排》（蔡淇華／時報）
《老師，你會不會回來》（王政忠／時報）

自我的探索

《捨得，捨不得——帶著金剛經旅行》（蔣勳／有鹿）
《紙牌的秘密》（喬斯坦・賈德／木馬）
《練習，喜歡自己——一天一點，比昨天更喜歡今天的自己》（肆一／三采）
《寫給未來的日記》（潔西・柯比／親子天下）
《晨讀10分鐘——成長故事集》（王鼎鈞、侯文詠、張曉風、簡媜等著／天下雜誌）
《十五顆小行星——探險、漂泊與自然的相遇》（劉克襄／遠流）
《做自己與別人生命中的天使》（嚴長壽／寶瓶）
《不一樣的旅程——我的雲端築夢與文創人生》（陳怡蓁／香海）
《禮物》（史賓賽・強森／平安）
《不乖——比標準答案更重要的事》（侯文詠／皇冠）

《從前，有個笨小孩——輸在起跑線的逆轉人生》（吳若權／天下）
《是愛還是錯愛——關於教育與人格養成的思辨》（顏擇雅／親子天下）
《為自己出征》（Robert Fisher／方智）
《遇見未知的自己》（張德芬／方智）
《那時候，我只剩下勇敢——一千一百哩太平洋屋脊步道尋回的人生》（雪兒・史翠德／臉譜）
《樂活在天地節奏中——過好日的二十四節氣生活美學》（韓良露／有鹿）
《灣生回家》（田中實加／遠流）
《Dr.小百合，今天也要堅強啊！催淚、爆笑、溫馨、呆萌的醫院實習生活》（小百合／PCuSER電腦人文化）
《別讓孩子繼續錯過生命這堂課——台灣教育的缺與盲》（楊照／時報）
《流浪者之歌》（赫曼・赫塞／遠流）
《阿拉斯加之死》（強・克拉庫爾／天下）
《給回來的旅行者——人生，才是你的正職》（藍白拖／天下雜誌）
《料理科學——大廚說不出的美味祕密，150個最有趣的烹飪現象與原理》（羅伯特・沃克／采實）
《在天堂遇見的五個人》（米奇・艾爾邦／大塊）
《最後14堂星期二的課》（米奇・艾爾邦／大塊）

人際關係

《被討厭的勇氣——自我啟發之父「阿德勒」的教導》（岸見一郎、古賀使健／究竟）
《青春無期徒刑》（索妮雅・哈特奈／漫遊者）
《Get Lucky！祝你好運Ⅰ、Ⅱ》（劉軒／天下）
《哥教的不是歷史，是人性——呂捷親授，如何做一隻成功的魯蛇》（呂捷／圓神）
《有你，更能做自己》（鄧惠文／親子天下）
《跟任何人都可以聊得來——巧妙破冰、打進團體核心，想認識誰就認識誰。》（萊拉・朗德絲／李茲）
《拋開過去，做你喜歡的自己——阿德勒的「勇氣」心理學》（岸見一郎／方舟）
《刺蝟的優雅》（妙莉葉・芭貝里／商周）
《幽默，讓生活更美好——溝通的藝術，打開人際關係的大門》（賴淑惠／雅書堂）
《我不是教你詐1-5》（劉墉／時報）
《劉墉超強說話術1-3》（劉墉／時報）
《贏在影響力——卡內基人際關係九大法則》（黑幼龍／天下）
《告別玻璃心的十三件事——心智強者，不做這些事・強者養成的終極指南》（艾美・莫林／網路與書）
《那些電影教我的事——那些一個人的事、兩個人的事，關乎人生的100件事》（水丸、水某／商周）
《轉學生的惡作劇——穿越時空找回勇氣的成長冒險旅程》（喜多川泰／野人）
《來自星星的孩子——一個母親用愛與決心打破孩子封閉內心的故事》（克莉絲汀・巴奈特／平安）
《徬徨少年時》（赫曼・赫塞／遠流）
《微塵眾——紅樓夢小人物1-4》（蔣勳／遠流）
《謝謝你知道我愛你——在關係中，面對愛，接受愛，學習愛，放下愛》（洪仲清／遠流）
《我說不，沒有對不起誰——用「拒絕」，強勢取得人生主導權》（曼紐爾・J・史密斯／寶瓶）
《為什麼孩子要上學》（大江健三郎／時報）
《向康德學習請客吃飯》（顏擇雅／印刻）
《公民課該學的事——從自己出發，和社會好好相處》（劉炯朗／時報）
《29張當票1-3》（秦嗣林／麥田）
《飢餓遊戲三部曲》（蘇珊・柯林斯／大塊）

情緒管理

《你走了以後，我一個人的旅程——林書宇的百日告別》（林書宇／大田）
《你煩惱的事，有九成都不會發生》（枡野俊明／春天）

《人生每件事，都是取捨的練習》（吳若權／遠流）
《追逐日光——一位跨國企業總裁的最後禮物》（尤金・歐凱利／商周）
《正是時候讀莊子——莊子的姿勢、意識與感情》（蔡璧名／天下雜誌）
《說不出的故事，最想被聽見》（史戴分・格羅茲／圓神）
《其實你沒有學會愛自己》（蘇絢慧／寶瓶）
《傷心咖啡店之歌》（朱少麟／九歌）
《請問侯文詠——一場與內在對話的旅程》（侯文詠／皇冠）
《每一次出發，都在找回自己》（吳若權／皇冠）
《溫柔的心，強大的力量——德國人的日常思考》（鄭華娟／圓神）
《脆弱的力量》（布芮尼・布朗／馬可孛羅）
《我害怕・成功》（陳文茜／時報）
《人生不能沒有伴——找回各種關係裡的安心感》（許皓宜／如何）
《生命清單》（羅莉・奈爾森・史皮曼／悅知）
《跟自己和好——為情緒解套，了解生存原來可以有很多種方式》（洪仲清／遠流）
《因為愛，讓他好好走——一位重症醫學主任醫師的善終叮嚀》（黃軒／寶瓶）
《孤獨六講》（蔣勳／聯合文學）
《為何我們總是如此不安？——莫名恐慌、容易焦躁、缺乏自信？一本缺乏安全感的人都在看的書！》（加藤諦三／方舟）
《祕密》（朗達・拜恩／方智）
《解憂雜貨店》（東野圭吾／皇冠）
《立即見效，一輩子都受用的十堂情緒管理課》（楊婕／創見）
《不生氣的情緒智慧——EQ加分，幸福滿分》（戴晨志／核心）
《孩子，我們一起靜心吧——正念才能靜心，靜心才能專注，專注才能有效學習》（蘿倫・莫瑞／橡實）
《祕密花園》（喬漢娜・貝斯福／遠流）

潛能開發（學習力）

《30堂帶來幸福的思辨課——多想一點，發現更有深度的自己》（琳達・艾爾德、理查・保羅／商周）
《給自己的十堂外語課——這是突破人生限制的希望之鑰！》（褚士瑩／大田）
《1分鐘超強記憶法——超過130萬人見證，證照檢定、大小考試、職場進修通通搞定！》（石井貴士／時報）
《跟TED學表達，讓世界記住你——用更有說服力的方式行銷你和你的構想》（卡曼・蓋洛／先覺）
《哲學的40堂公開課——從「提問的人」蘇格拉底到電腦之父圖靈，與大師一起漫步的哲學小旅程》（奈傑爾・沃伯頓／漫遊者）
《無人島生存十六人》（須川邦彥／野人）
《驚人習慣力——做一下就好！微不足道的小習慣創造大奇蹟》（史蒂芬・蓋斯／三采）
《賽局意識——看清情勢，先一步發掘機會點的終極思考》（大衛・麥克亞當斯／天下雜誌）
《秦始皇》、《帝國崛起》、《敵我之間》——一場歷史的思辨之旅套書》（呂世浩／平安）
《簡單思考——LINE前任CEO首度公開網路時代成功術》（森川亮／天下）
《羅輯思維——成大事者不糾結》（羅振宇／天下）
《思考的技術——培養卓越競爭力的思考路徑》（大前研一／商周）
《學校沒教的10件事》（比爾・伯納德／商周）
《異數——超凡與平凡的界線在哪裡？》（麥爾坎・葛拉威爾／時報）
《正義——一場思辨之旅》（邁可・桑德爾／雅言）
《學習的王道》（喬希・維茲勤／二魚）
《為未來而教——葉丙成的BTS教育新思維》（葉丙成／親子天下）
《用繪本跟孩子談重要的事——能獨立思考的孩子，到哪裡都能過得好》（幸佳慧／如何）
《旅行與讀書》（詹宏志／新經典）
《為博雅教育辯護——當人文課熄燈，大學正讓青年世代失去遠大未來》（法理德・札卡瑞亞／大寫）

《美字練習日——靜心寫好字》（葉曄、楊耕／三采）
《你比想像的更聰明——用對方法，開啟你的多元智能》（湯瑪士．阿姆斯壯／親子天下）
《發現我的天才——打開34個天賦的禮物》（唐諾．克里夫頓、馬克斯．巴金漢／商業周刊）
《麥肯錫新人邏輯思考5堂課——只要一小時，就可學會一生受用的邏輯思考法則》（大祥譽／遠流）
《如果這樣，會怎樣？——胡思亂想的搞怪趣問 正經認真的科學妙答》（蘭德爾．門羅／天下）

與父母溝通

《離別賦》（張輝誠／印刻）
《父後七日》（劉梓潔／寶瓶）
《流放的老國王》（阿諾．蓋格／商周）
《與父母和解，療癒每段關係裡的不完美》（許皓宜／如何）
《晨讀10分鐘——親情故事集》（齊邦媛等／親子天下）
《回不去了。然而有一種愛》（蔡詩萍／聯經）
《找一條回家的路——從跟家庭和解出發，再學會修復自己與關係》（洪仲清、李郁琳／遠流）
《以愛告別——母親教我的30個人生課題》（史考特．西蒙／大好書屋）
《孩子，你還會愛我嗎？》（劉北元／時報）
《被禁止的事——所有「不可以」，都是教孩子思考的起點》（羅怡君／寶瓶）
《人生三書》（龍應台／印刻）
《聆聽父親》（張大春／時報）
《多桑》（吳念真／大辣）
《最好的時光——親情，愛在四季》（廖玉蕙編選／正中）
《走出受傷的童年——理解父母，在傷心與怨恨中找到自由》（雷斯莉．里蘭．費爾茲、吉兒．哈伯德／啟示）
《父母的保存期限，只有10年》（汪培珽／時報）
《好父母是後天學來的——王浩威醫師親子門診》（王浩威／心靈工坊）
《每個孩子都是第一名——芬蘭教育給台灣父母的45堂必修課》（陳之華／天下）
《當我們同在一起——父母、孩子、老師必讀的系統心理學》（瑪莉安．法蘭克／海寧格機構）
《愛，要及時——父母在世時你可以做的45件事》（高道原／橡實）
《牽爸媽的手，自在到老的代辦事項》（張曉卉／天下生活）
《安妮日記》（安妮．法蘭克／皇冠）
《爸媽，請聽我說！——青少年告訴父母的真心話》（梅根．拉芙葛洛夫、露易絲．貝德維爾／遠流）
《微溫的蔥油餅——一份難忘的親情滋味》（劉洪貞／正中）
《一碗陽春麵的回憶》（周希誠／晨星）

對未來的規劃

《20世代，你的人生是不是卡住了——你以為時間還很多，但有些決定不能拖》（梅格．潔伊／天下遠見）
《精準的閒晃——一種做事情、和打發時間的方式。叫做優雅》（海瑞特．薇提．蘿契芙／大是）
《你的夢想就是最棒的存錢筒》（艾爾文／方智）
《再見，平庸世代——你在未來經濟裡的位子》（泰勒．柯文／早安財經）
《我，跟自己拚了——挪威最頂尖的心智訓練師讓你潛能發揮100%》（艾瑞克．伯特蘭．拉森／三采）
《完美生活的練習——從改變習慣的微行動開始，成為自己喜歡的人》（卡洛琳．阿諾／天下雜誌）
《每天最重要的2小時——神經科學家教你5種有效策略，使心智有高效率表現，聰明完成當日關鍵工作》（喬許．戴維斯／大塊）
《這一生的幸福計劃——快樂也可以被管理，正向心理學權威讓你生活更快樂的十二個提案》（索妮亞．柳波莫斯基／久石）
《樹，不在了》（陳文茜／時報）
《一雙手都不能放——力挽狂瀾的陳清圳校長》（陳清圳／寶瓶）
《松浦彌太郎說——假如我現在25歲，最想做的50件事》（松浦彌太郎／悅知）
《廚房裡的人類學家——「其實，大家都想做菜」》（莊祖宜／貓頭鷹）

《1年計畫10年對話——預約10年後的自己，需要年年實踐與更新》（褚士瑩／大田）
《希望教室——教孩子一生最受用的36種能力》（蘇明進／寶瓶）
《跟各國人都可以聊得來——語言大師教你如何掌握三大關鍵快速精通各國語言，學了就不忘！》（加百列・懷納／商周）
《三年後，你的工作還在嗎？——掌握關鍵職能，迎向工匠、總管與行腳商人的時代！》（姚詩豪、張國洋／時報）
《日本生活家的歲時雜記》（佐藤裕美／EZ叢書館）
《學生1、2》（林明進／麥田）
《匠人精神——一流人才育成的30條法則》（秋山利輝／大塊）
《贏在好習慣——贏家與輸家的差別，往往取決於微不足道的好習慣》（S・J・史考特／三采）
《這世界還不好嗎？》（馮內果／麥田）
《誰在銀閃閃的地方，等你——老年書寫與凋零幻想》（簡媜／印刻）
《賈伯斯傳》（華特・艾薩克森／天下）
《為什麼我們這樣生活，那樣工作？》（查爾斯・杜希格／大塊）
《快思慢想》（康納曼／天下）

對愛情的憧憬

《寂寞太近，而你太遠》（肆一／麥田）
《如果有些心意不能像你坦白》（middle／青森）
《一個人的快樂，兩個人的幸福——朵朵愛情小語》（朵朵／皇冠）
《我敢在你懷裡孤獨》（劉若英／寫樂）
《學著，好好愛——台大超人氣「愛情社會學」精華，六堂愛的必修課，翻轉愛的迷思》（孫中興／三采）
《初戀料理教室》（藤野惠美／麥田）
《千江有水千江月》（蕭麗紅／聯經）
《曾經，有一個這樣的你》（Middle／三采）
《徵婚啟事》（陳玉慧／漫步）
《從你的全世界路過》（張嘉佳／新經典）
《如果，愛能不寂寞。》（許皓宜／三采）
《圖解戀愛心理學——談戀愛就像心理戰！你的愛情，有多少真心話和大冒險？史上最強情場攻心術與識人術》（澀谷昌三／漫遊者）
《未央歌》（鹿橋／台灣商務）
《擊壤歌》（朱天心／聯合文學）
《愛，就是饅頭夾蛋》（Juby、陳芸英／寶瓶）
《但其實我們》（橘子／春天）
《說好一起老》（瞿欣怡／寶瓶）
《愛情答非所問》（許常德／時報）
《紙星星》（晨羽／城邦原創）
《在世界的中心呼喊愛情》（片山恭一／時報）
《暮光之城》（史蒂芬妮・梅爾／尖端）
《遇見100%的女孩》（村上春樹／時報）
《往復書簡》（湊佳苗／時報）
《一簾幽夢》（瓊瑤／皇冠）
《傲慢與偏見》（珍・奧斯汀／漫遊者）

國家圖書館預行編目資料

大閱讀：讓孩子學會27種關鍵能力／
宋怡慧著. --初版. --臺北市：寶瓶文
化, 2016. 03
面； 公分. --（Catcher；80）
ISBN 978-986-406-048-1（平裝）
1. 閱讀 2. 文集
019. 07　　105002617

Catcher 080

大閱讀——讓孩子學會27種關鍵能力

作者／宋怡慧 主任（教育部閱讀磐石獎閱讀推手獎得主、聯合線上專欄作家）
主編／張純玲

發行人／張寶琴
社長兼總編輯／朱亞君
副總編輯／張純玲
資深編輯／丁慧瑋　編輯／林婕伃・周美珊
美術主編／林慧雯
校對／張純玲・劉素芬・陳佩伶・宋怡慧
業務經理／黃秀美
企劃專員／林歆婕
財務主任／歐素琪　業務專員／林裕翔
出版者／寶瓶文化事業股份有限公司
地址／台北市110信義區基隆路一段180號8樓
電話／(02) 27494988　傳真／(02) 27495072
郵政劃撥／19446403　寶瓶文化事業股份有限公司
印刷廠／世和印製企業有限公司
總經銷／大和書報圖書股份有限公司　電話／(02) 89902588
地址／新北市五股工業區五工五路2號　傳真／(02) 22997900
E-mail／aquarius@udngroup.com

著作完成日期／二〇一五年十二月
初版一刷日期／二〇一六年三月八日
初版七刷日期／二〇一八年十月一日
ISBN／978-986-406-048-1
定價／三四〇元

AQUARIUS 寶瓶 文化事業

愛書人卡

感謝您熱心的為我們填寫，
對您的意見，我們會認真的加以參考，
希望寶瓶文化推出的每一本書，都能得到您的肯定與永遠的支持。

系列：Catcher 080　**書名：大閱讀——讓孩子學會27種關鍵能力**

1. 姓名：__________________　性別：□男　□女
2. 生日：______年______月______日
3. 教育程度：□大學以上　□大學　□專科　□高中、高職　□高中職以下
4. 職業：________________
5. 聯絡地址：____

   聯絡電話：__________________　手機：__________________
6. E-mail信箱：_____________________________________

   □同意　□不同意　免費獲得寶瓶文化叢書訊息
7. 購買日期：_____ 年 _____ 月 _____日
8. 您得知本書的管道：□報紙／雜誌　□電視／電台　□親友介紹　□逛書店　□網路

   □傳單／海報　□廣告　□其他
9. 您在哪裡買到本書：□書店，店名____________　□劃撥　□現場活動　□贈書

   □網路購書，網站名稱：______________　□其他____________
10. 對本書的建議：（請填代號　1. 滿意　2. 尚可　3. 再改進，請提供意見）

    內容：____________________________

    封面：____________________________

    編排：____________________________

    其他：____________________________

    綜合意見：____
11. 希望我們未來出版哪一類的書籍：_____________________________________

讓文字與書寫的聲音大鳴大放

寶瓶文化事業股份有限公司

（請沿此虛線剪下）

廣　告　回　函
北區郵政管理局登記
證北台字15345號
免貼郵票

寶瓶文化事業股份有限公司收

110台北市信義區基隆路一段180號8樓
8F,180 KEELUNG RD.,SEC.1,
TAIPEI.(110)TAIWAN R.O.C.

（請沿虛線對折後寄回，或傳真至02-27495072。謝謝）